5　分　钟　漫　画

做一个
高段位
的女人

张丽 /著

天津出版传媒集团
天津科学技术出版社

图书在版编目（CIP）数据

5分钟漫画做一个高段位的女人 / 张丽著 . -- 天津：天津科学技术出版社，2024.5（2024.8 重印）

ISBN 978-7-5742-1910-6

Ⅰ . ①5… Ⅱ . ①张… Ⅲ . ①女性－成功心理－通俗读物 Ⅳ . ①B848.4-49

中国国家版本馆 CIP 数据核字（2024）第 064001 号

5分钟漫画做一个高段位的女人

5 FENZHONG MANHUA ZUO YIGE GAODUANWEI DE NÜREN

策划编辑：杨　譞

责任编辑：马　悦

责任印制：刘　彤

出　　版：天津出版传媒集团 / 天津科学技术出版社

地　　址：天津市西康路35号

邮　　编：300051

电　　话：（022）23332490

网　　址：www.tjkjcbs.com.cn

发　　行：新华书店经销

印　　刷：三河市燕春印务有限公司

开本 880×1 230　1/32　印张 7.5　字数 160 000

2024年8月第1版第3次印刷

定价：48.00元

前言

PREFACE

高段位的女人大多有高情商，懂得拿捏人性，把握分寸，善于经营人际关系和爱情婚姻，活出了人生高级感。高段位的女人通常有着自己独立的思想和追求，生活有着很高的品质和格调。一个高段位的女人是向上社交的高手，她身上散发的性格魅力使她时刻成为一个受欢迎的人；一个高段位的女人在职场上，谈笑风生，从容自若，不被压力击垮，不为自身情绪所左右，她总能不断激发自身潜能，展示出最好的自己；一个高段位的女人在婚姻中，温婉、宽容、独立，注重在沟通中保鲜自己的爱情。高段位的女人从不矫揉造作，她们活得洒脱，不追求浮华，不会有不切实际的欲望，不因虚荣迷失自我，不因贪婪而扭曲自尊。高段位的女人，在拥有成功和幸福人生方面占有着绝对的优势，因为她们总能在第一时间引起别人的注意，得到别人的帮助和尊敬。

高段位是一种内在的修养，它是思想内涵的体现，洗练出了超凡脱俗的“女人味”。在女人的成长过程中，对人生高段位的追求会融入个性，并不断地更新，最终造就女人与众不同的韵味。高段位是一种智慧，它在点点滴滴的细节中对女人进行着雕塑，让女人散发出迷人的味道，拥有持久的魅力。高段位的女人不仅仅是如诗如画的女人，更重要的是她们已学会如何绘织如诗如画的风景。高段位的女人既不依附于男人，也不脱离女人本质，在自己能力之内尽量做得更好。

本书立足现实，通过对女性在社会生活中常会遇到的种种问题的深刻剖析和解构，针对女性如何获得幸福、走向成功提出了许多睿智的见解和精辟的分析，全方位地为女性指出了可以通过哪些途径来改变和提升自己。书中从人生追求、装扮、生活、社交、职场、恋爱、婚姻等不同方面，用简洁流畅的语言和丰富翔实的案例，告诉女性朋友们如何提高自己的人生段位，其中凝聚着的智慧和经验，对每一位女性朋友来说都是弥足珍贵的睿智提携，所有想要改变却不知从何做起的女性，都能在这里找到适合自己的高段位练习法。人生不长不短、不紧不慢，调整好自己的步调，努力修炼自己、完善自己吧！让性情更优雅，让心灵更平和，让性格更完美，只要你不停下追寻的脚步，幸福和快乐自然一路相随。

目录

CONTENTS

第四章 笃定从容，真正的优雅是在内心修篱种菊

第五章 愿你能做一个自律的人，有一个自由的灵魂

第七章　世界那么大，会交际的姑娘运气都不会差

第八章　比起男人的肩膀，更靠谱的是自己拥有一双翅膀

第一章
DIYIZHANG

知道自己要去哪里，
就没有什么能阻挡你

在最好的年纪变得更好，才算不辜负自己

20 多岁这几年，绝大部分人都会经历人生中两个最重要的转折：从毕业到就业，从校园到社会；从单身到结婚。20 多岁时培养起来的心智成长度和心灵成熟度，将会决定我们未来 20 年、30 年甚至一辈子的命运。

对于女人来说，20 多岁这几年尤其重要。20 多岁时，可以一心一意为自己打拼，当有了家庭，有了孩子，每个女人都将扮演多重角色，为人妻、为人母，同时还要照顾已经年老的父母。女人一旦进入这个阶段，就很难有时间再为自己打算了。

也许你已经看过这个故事，但我还想重述一遍。

李嘉诚和他儿子在一家餐厅用餐完毕时，李嘉诚给了 20 元小费，他儿子给了 200 元小费。有人问李嘉诚：“你儿子都给了 200 元的小费，你才给 20 元，对此你有什么想法？”李嘉诚回答道：“我没有想法，因为我没有一个有钱的老爸。”

“没有一个有钱的老爸。”多么睿智的回答！这也是我把自己推着一步步往前走的主要原因。其实，90% 以上的人都没有有

钱的老爸，所有的一切都要靠自己去打拼。靠我们自己努力，让心智得到成长，让心灵得到成熟。

“白天图生存，晚上谋发展”已经成为许多20多岁年轻人的奋斗口号，每个人都有一种危机感，觉得生活在一步步推着我们往前走。

只要我们仔细观察就会发现，很多处于同龄段的人，刚毕业那几年没觉得有什么不一样，都经历着迷茫与困惑；然而进入30岁以后，从收入上、社会地位上看，彼此的差距就会逐渐拉开，这个跟其心态建设、能力锤炼、性格铸造、习惯培养等不无关系。

每个年轻的女人，就像一朵含苞欲放的花朵，怀揣着梦想的种子，盼望着傲然绽放的那一刻。只是，在这个世界上，很少有人能一路凯歌，成功不像我们想象的那么容易。

于是，有的女人受不得累，吃不了苦，耐不住寂寞，挡不住诱惑，埋怨工资低，嗟叹待遇差，羡慕挥金如土的富家女，眼红人家找了个有钱的丈夫……抱怨牢骚连连，频繁跳槽成为家常便饭，打发时间更是普遍现象。抱怨自己“生不逢时”，没赶上当年那种父子接班、分配工作的年代；抱怨自己“生不逢地”，没有一个可以让自己衣食无忧的

富爸爸；抱怨自己“生不逢人”，千里马常有，而伯乐不常有。

确实，对于女人来说，在社会上立足相对难一些。但是，女人如果不能趁着这几年为自己以后的幸福打下坚实的基础，等到三十几岁再来改变就是难上加难了。

人的一辈子，前20年未成熟，生活来源依靠父母，命运的选择权基本掌握在父母手里；后20年已衰老，要依靠子女或社会，命运的选择权可能开始交给子女或社会；35岁到50岁，人生处于中年时期，价值观与世界观已经定型；只有20多岁的这几年时间是你能掌握自己命运的选择权与发言权的。

当然，20多岁决定女人的一生，不是说过了这十年你的人生就定型了。而是，在这10年里，你信什么、要什么、靠什么、想什么、学什么、做什么，会影响到你以后的人生路途。

人生越早改变，就越容易改变！女人你要是不早早成熟，有可能一辈子都庸庸碌碌！趁年轻，多经历一些磨难，未必是坏事。

醒醒吧，还在做白日梦的女人

一张地图，无论内容多么翔实，比例多么精确，也永远不可能带着主人周游列国；严明的法规条文，无论多么神圣，永远不可能防止罪恶的滋生；凝结智慧的宝典，永远不可能缔造财富。

只有行动才能使这些具有现实意义。

安妮是一个可爱的小姑娘，可她有一个坏习惯，那就是她每次想做一件事时，总是爱让计划停留在口头上，而不是马上行动。

和安妮住在同一个村子里的詹姆森先生有一家水果店，里面出售本地产的草莓之类的水果。一天，詹姆森先生对安妮说："你想挣点钱吗？"

"当然想，"她回答，"我一直想有一双新鞋，可家里买不起。"

"好的，安妮，"詹姆森先生说，"隔壁卡尔森太太家的牧场里有很多长势很好的黑草莓，他们允许所有人去摘。你去摘了以后把它们都卖给我，1 夸脱（1 夸脱＝ 0.946 升）我给你 13 美分。"

安妮听到可以挣钱，非常高兴。于是她迅速跑回家，拿上一个篮子，准备马上去摘草莓。这时，她不由自主地想到，要先算一下采 5 夸脱草莓可以挣多少钱比较好。于是她拿出一支笔和一块小木板，计算结果是 65 美分。

"要是能采 12 夸脱呢？"她计算着，"那我又能赚多少呢？"

她得出答案，"我能得到 1 美元 56 美分呢！"

安妮接着算下去，要是她采了 50、100、200 夸脱，詹姆森先生会给她多少钱。她将时间花费在这些计算上，已经到了中午吃饭的时间，她只得下午再去采草莓了。

安妮吃过午饭后，急急忙忙地拿起篮子向牧场赶去。而许多男孩子在午饭前就到了那儿，他们快把好的草莓都摘光了。可怜的小安妮最终只采到了1夸脱草莓。

回家途中，安妮想起了老师常说的话："办事得尽早着手，干完后再去想。因为一个实干者胜过一百个空想家。"

只有行动才能让计划变成现实。成功在于计划，更在于行动；目标再伟大，如果不去落实，永远只能是空想。

愿你懂得经营自己，精致又从容

商品都有自己的品牌，去商场买东西，我们宁可多花钱也要买品牌商品，就是因为品牌商品有品质的保障。我们每个人也要打造"个人品牌"，你的名字就是你的个人品牌。一旦拥有了个人品牌，你在职场中就会所向无敌，你的名字就代表着你的工作能力，你的名字也就成了你工作能力的象征。

女人要懂得打造个人品牌，就要时时保持你的竞争力。往往，你的个人品牌也代表着你的道德观、作风、形象、责任。好的品牌之所以强势，就是因为它结合了"正确的特性""吸引人的性格"，以及随之而来的与消费者的"良好互动关系"。个人品牌必须有正确的特性、吸引人的性格，只有这样，才会美名远扬，替自己创造更多的机会！那么怎样才能打造属于你的个人品牌呢？

1. 不断提升自己的专业能力

专业能力代表了足够的知识、技能，可以满足工作的需要。拥有专业能力的专家，就是知识丰富加上执行力强，是可以帮企业解决问题的人。拥有专业能力是一种绝佳的个人品牌，是一种内涵的呈现。由于不断地有新知识及新技术推出，为了避免过时，专家也必须不断地提升专业能力，这是打造个人品牌首先要注意的。

2. 拥有谦虚的态度

即使你已经拥有很好的成绩，懂得谦虚仍是非常重要的。许多社会名流，越是成功，越是对人谦和。无论什么时候，谦虚的人都会受欢迎。如果你能力有限，谦虚会让人感觉你诚实上进，如

果你工作能力很强，谦虚会让人感觉你受过良好的教育，综合素质很高。

3. 不断学习

不断学习是延续个人品牌的手段。一个不断学习的人内在是丰富的，也更容易拥有自信心及保持谦虚的态度。学习会让你时时刻刻感觉自己在进步。学习会让你找到自身的不足，从而改掉陋习。

4. 强化沟通能力

沟通能力包括倾听能力及表达能力。个人品牌必须通过沟通能力传达出去。你必须要有能力在大众面前清楚地表达，透过文字传达思想；也要学习站在他人的角度看事情，尝试以对方听得懂的语言沟通，为了达到这个目的，学会倾听是必要的。

5. 亲和力

亲和力是一种甜美的气质，能让人在不知不觉中被你吸引。亲和力也是一种柔软的积极性，是透过与人亲善的特质发挥更多的影响力。倪萍主持的节目上到七八十岁的老人，下到五六岁的孩子都喜欢看，这就是她的亲和力打造了她极有魅力的个人品牌。

6. 外表

外表是很重要的，当别人还没有机会了解你的内涵时，就会从你的外表开始判断你的好坏。学习让自己看起来清清爽爽、专业诚恳，以整洁利落来诉说你充沛的精力及良好的态度，是职场女性必备的能力。

建立个人品牌，可以从自己的强项开始。每个人都有自己独特的能力，从自己独特的能力开始，是最容易建立个人品牌的方法。

小柳是一家饮料公司的业务主管，因为她平易近人、说话随和，所有的客户都喜欢和她谈话。每逢碰到同事和客户谈崩的时候，只要她一去就能挽回局面。她个人品牌的重点就是“化解矛盾的专家”。

每个人都应及早找到自己的强项，尽量发挥，这是快速脱颖而出的秘诀！虽然这是个自我营销的时代，但你的表现是你的“最佳简历”。你必须做到处处塑造我们的个人品牌，让每个见过你的人都能记住你，认为你果真有自己的能力和风格，那样，成功就离你不远了。

既然认准了一条路，又何必去打听要走多久

有梦想的女人，可以在脑海中把自己实现梦想时的画面勾勒出来。当你能够清晰地想象自己 10 年后的模样时，你才有可能在 10 年后真的变成梦想中的你。问问自己，10 年以后我想成为什么样的人，然后以此为目标，一步一步靠近梦想中的自己。

有一篇文章，名为《想想十年后的自己》，其中写道：

女人18岁之前，是个不知道自己想要什么的人，每天就在艺校里跟着同学唱唱歌、跳跳舞，偶尔有导演来找她拍戏，她就会很兴奋地去拍，无论角色多么小。直到1993年的一天，教她专业课的赵老师突然找她谈话，问她："你能告诉我，你未来的打算吗？"她一下子愣住了，不明白老师怎么突然问她如此严肃的问题，更不知该怎样回答。

老师又接着问她："现在的生活你满意吗？"她摇摇头。老师笑了："不满意的话证明你还有救。你现在想想，10年以后你会怎样？"

老师的话很轻，但是落在她心里却变得很沉重。她脑海里顿时开始风起云涌。沉默许久后她说："我希望10年以后自己能成为最好的女演员，同时可以发行一张属于自己的音乐专辑。"

老师问她："你确定了吗？"她慢慢咬紧嘴唇："是。""好，既然你确定了，我们就把这个目标倒着算回来。10年以后你28岁，那时你是一个红透半边天的大明星，同时出了一张专辑。那么你27岁的时候，

除了接拍名导演的戏以外，一定还要有一个完整的音乐作品，可以拿给很多很多的唱片公司听，对不对？”“25岁的时候，在演艺事业上你要不断进行学习和思考。另外，你还要有很棒的音乐作品开始录制了。23岁必须接受各种各样的培训和训练，包括音乐上和肢体上的。20岁的时候开始作曲、作词，并在演戏方面要接拍大一点的角色……”

老师的话说得很轻松，但是她却感到一种恐惧。这样推下来，她应该马上着手为自己的理想做准备了。可是她现在什么都不会，什么都没想过，仍然为能出演小丫鬟、小舞女之类的角色沾沾自喜。她觉得一种强大的压力忽然向自己袭来。老师平静地笑着说：“要知道，你是一棵好苗子，但是你对人生缺少规划。如果你确定了目标，希望你从现在就开始做。”

想想10年后的自己——当她意识到这是一个问题的时候，她发现自己整个人都觉醒了。从那时起，她始终记得10年后自己要做成功的明星。所以，毕业后，她对角色开始很认真地筛选。渐渐地，她被大家接受了，她慢慢地尝到了成功的欢乐。

人的一生都要不断地给自己树立目标，何况现在的你还年轻。做好自己的人生规划，不要空等成功的降临。不想荒废青春的女人，就要像这个故事的主人公那样，在适当的时候，问问自己：10年以后你会怎样？ 10年之后你想怎样？然后，按照自己的目标，制订出计划，一步一步向自己的目标走近，只要早上一睁开眼睛，就会期待今天又是精彩的一天。

等出来的是命运，拼出来的才是人生

聪明的女人乐于为自己制定目标，1 年后、3 年后、5 年后要过着什么样的生活，例如 1 年后，要挣够钱租一套更大的房子，让自己逃离“蜗居生活”；3 年后存够钱去欧洲旅行……先制定一个可以通过努力达到的目标，一旦尝到了成功的滋味，便会沉浸在这种努力实现目标的状态之中。确立目标，是人生规划的重要一步。不甘做平庸之辈的女人，必须要有一个明确的追求目标，才能调动起自己的智慧和精力。

在现实生活中，有许多“平庸之辈”有不甘平庸之心。作为一个平凡的人，尽管不可能轰轰烈烈，但是能使平凡的人生比别人强一些，是肯定能办到的。

我们需要提升生存的智慧，思考成功，追求卓越，对人生的意义、人生的价值、人生的幸福等问题交出较满意的答卷。不甘平庸，崇尚奋斗，正是人生之歌的主旋律。

如果你想轻松打好人生这副牌，你需要做的第一件事情就是树立起一个积极的人生目标。有人说过：“梦想有多大，舞台就有多大。”那么你的梦想有多大，你的梦想又是什么呢？它们有没有实现？如果没有，你考虑过这其中的缘由吗？

其实，很多人之所以没有实现梦想，是因为他们没有给自己树立一个积极具体的目标，他们只想到了最后的辉煌，而不知梦想的实现是要一步步来的，是要通过完成一个个具体的目标实现的。

一个具有明确目标的人，毫无疑问会比一个根本没有目标的人更有作为。只有找到了绿叶，才能感受到春天的气息；只有感受到春天的气息，才能解冻思想的冰河，向成功迈进。

比塞尔是西撒哈拉沙漠中的一颗明珠，每年有数以万计的旅游者来到这儿。可是在肯·莱文发现它之前，这里还是一个封闭而落后的地方。这儿的人没有一个走出过大漠，据说不是他们不愿离开这块贫瘠的土地，而是尝试过很多次都没有走出去。

肯·莱文当然不相信这种说法。他用手语向这儿的人问原因，结果每个人的回答都一样：从这儿无论向哪个方向走，最后都还是会转回出发的地方。为了证实这种说法，他做了一次试验，从比塞尔村向北走，结果三天半就走了出来。

比塞尔人为什么走不出来呢？肯·莱文非常纳闷，最后他雇了一个比塞尔人，让他带路，看看到底是为什么。他们带了半个月的水，牵了两只骆驼，肯·莱文收起指南针等现代设备，只拄一根木棍跟在后面。

10 天过去了，他们走了大约 1300 公里的路程，第 11 天的早晨，他们果然又回到了比塞尔。这一次肯·莱文终于明白了，比塞尔人之所以走不出大漠，是因为他们根本就不认识北斗星。在一望无际的沙漠里，一个人如果凭着感觉往前走，一定会走出许多大小不一的圆圈，最后的足迹十有八九是一把卷尺的形状。比塞尔村处在浩瀚的沙漠中间，方圆上千公里没有一点参照物，若不认识北斗星又没有指南针，想走出沙漠，确实是不可能的。

成功都是从找准了方向，设定了目标的那一天开始的，以前的日子，只不过是在绕圈子而已。所以，做任何事情，都必须先确定一个目标，然后再努力争取。否则，如果没有目标，就只能在人生的旅途上徘徊，永远到不了目的地。

亲爱的，别那么着急过正常的人生

大多数白领女性都有相似经历：24 岁左右大学毕业，27 岁左右结婚，30 岁左右正逢晋升的关键时刻，但因为年龄及家庭的压力却不得不考虑生育的问题。30 到 35 岁，恰巧是职业生涯再上一个台阶的关键阶段，此事中断，意味着前期的努力都打了水漂，于是，为“升职”还是“生子”而举棋不定的女人越来越多了。

每一个职业女性都会面临这样一个问题：是要事业，还是要孩子。对于女人来说，最佳的生育年龄往往正是事业的黄金期。通常，很多女人都会觉得：工作刚起步正待全力拼搏，没时间生；还有许多人生计划没实现，顾不上生；生育孩子就意味着失业，意味着被社会淘汰，不敢生。然而，孩子不是什么时候想生就生的，经过一番职场奋斗之后，多数女性又会困惑地问自己：我已经是高龄产妇了，我还能生个健康的孩子吗？我的精力还够吗？

“女人，特别是一个白领，要做一个好妻子、好妈妈，还要保住来之不易的工作，真不容易。”沈君一脸苦闷。作为一家公司的部门主管，好容易坐到这个位置的她，说这话时仍在整理着下属交上来的报表。眼看着快30岁了，可她仍然担心由于生孩子而将来之不易的事业“挤”掉。

刘兰已经35岁了，她说：“如果我现在再不生孩子，就会太迟或没机会了。但这选择真让人左右为难，烦恼不已。我一直在供我丈夫念博士，不知道以后他会获得什么样的职位。在我们公司，请假生孩子不付薪水，也不保证你回来还会有工作。我是要孩子，还是要工作呢？”

经过多年的辛苦打拼，李凌很希望自己能够在事业上更上一层楼，成为人力资源经理是她长久以来的职业梦想，总公司派她到分公司负责机构的人力资源管理，新企业从无到有，架构、制度、招聘，如果她能够出色完成

任务，就能抓住这次很好的晋升机会。

然而对于一个准妈妈来说，这样的担子显然太重。已经31岁的李凌并不想当丁克族，她很喜欢小孩子，喜欢做母亲的感觉。她觉得不能一拖再拖了，拖下去对大人和孩子都不好。李凌陷入了矛盾之中……

在一线城市的白领女性中，做丁克族、大龄妈妈的现象十分普遍，这是她们在激烈的职业竞争中不得已而为之的选择。白领女性大多在进入职场后不久便到了结婚、生育阶段，但是，面对激烈的竞争，她们不敢轻易怀孕，而等到事业稍微进入平稳阶段，又更不甘心因为生育耽误了可能到来的成功，“生”或“升”的问题严重困扰着她们。因此一部分人索性放弃生育的权利，一部分人则一拖再拖成为高龄产妇。总之，不管是主动还是被动的选择，职业生涯与生儿育女的冲突正逐渐成为职业女性的一个首要难题。生存压力那么大，要想立足并取得成功，就必须全力以赴，而由生孩子导致的事业中断却几乎是无法避免的。

有一本时尚杂志，曾经做了一个主题策划叫“女性的被动强势”。在采访几位30岁左右的女性高层管理者时，得到的一致观点是：此时生孩子，无异于在跑道上摔跤。

一般情况下，多数公司在考虑升迁人选时，也通常会将女性的生育风险考虑在内。更有一些用人单位在用人之初就“约法三章”：两三年之内不许要小孩，如果不遵守口头约定，就会不留痕迹地找个理由打发其走人。

社会有时就是这么残酷，为了应付快节奏的工作方式及高强度的生活压力，许多职业女性生孩子的年龄不断向后推迟，否则便会被单位“排挤”掉。

许多公司的女职员，一旦生育，就会被其单位以“不胜任工作”之类的理由，调换到同一工作岗位中最低一层或将原定的升职取消，并且还会在私下告知，如愿主动离开，不仅赔偿分文不少，还将提供“表现优秀”的推荐信。有的女职员十月怀胎，在产假过后上班时，发现没有自己的位置了。

其实，永远也没有所谓的最佳生育时机。如果你已经有了稳定的家庭基础，心理上也做好了做母亲的准备，恰巧又怀孕了，那么这就是你的最佳生育时机。

对于工作，如果已经有了做母亲的打算，平时就要多在领导面前“吹吹风”。聊天的时候跟他谈谈孩子，让他知道你很喜欢孩子，有做母亲的计划。怀孕之后，要首先让你的上司知道，并告诉他你在生育期间的工作计划，休假之前，给自己选一个没有野心的助手，以便你在休假的时候保持正常的业务工作。

当孩子遇到职位，女人要找一个平衡点，不能计较太多，如果你觉得做总裁比做母亲感觉更好，那自然没的说，否则的话，就给自己机会做一个完整的女人吧。

你一个人的勇敢，胜过千军万马

别看比尔·盖茨富可敌国，别看妮可·基德曼艳光四射，任何人都是时间的产物，荣华可以无限，时间却有限；生命虽然有限，精彩却可以无限。

算一算我们的时间，一天24小时，你有多少时间留给自己？

人补充能量的时间竟是工作时间的一半——一生中要在饭桌上度过6年。

长嘴就要说话，人一生中用于交谈的时间需要2年。

看电视已是当代生活的一部分了。且不说那些整天泡在电视机前的人，仅从每晚的“新闻联播”开始计算，至正常的就寝时间止，人一生就要在电视机前度过2128天（昼夜），约6年……

有的女人崇尚悠闲，安于“散漫”，三三两两聚在一起能聊个天昏地暗，有什么不顺心的事能一个人郁闷好几天，刚准备读读书、看看报，一个电话打来，就兴高采烈地随老友逛街吃烤串去了。这就是大部分女人的生活，读书时还能有点奋斗热情，如争取奖学金等；越到后来，女人的兴趣似乎越发广泛，爱情、路边小摊、娱乐八卦都日益成为她们兴趣的重心，并取代了原先“出人头地”的愿望，成为个人生活的“主流”了。

此时的女人，释放着“十年寒窗”之中苦苦压抑的激情，愉快忘我地享受着青春耀眼的阳光。她们开心地笑，放肆地哭，是天底下最幸福、最快乐、最自在的人。她们不必思考未来，只考虑现在；她们不用忧虑前程，只享受今朝。这时候，女人的快乐恐怕连仙女也艳羡不已吧！人生难得如此从容自得，本是值得庆贺的事情。但是“生于忧患，死于安乐”，有的女人在生命的黄金时段不是提升自我，而是享乐“放纵”，一旦“美人迟暮”，又没有“救世主”救她于“水火”之中，未来风云难料的岁月中，她是否有足够的准备能够走得下去？

年轻时正是奋斗学习、积累自身实力的时期，否则年纪大了再来吃苦，就是“自造孽”。

世界上最宝贵的是时间，最被人轻视的也是时间。时间是有限的，构成了我们的生命，负载着我们所拥有的一切。但是我们在年轻的时候，却总以为自己有用不完的时间，于是毫不怜惜地蹉跎岁月，挥霍着光阴，多么可悲！

女人，你还以为你有大把的时间可以挥霍吗？如果没有天生的傲人的姿色、出色的才能、高贵的出身，但是请你相信，大家的时间是公平的。

积极地投身生活，别等走到生命的尽头才遗憾自己的生命并未“燃烧”，“人生能有几回搏”，让我们尽情释放自己，做一朵风雨中迎风起舞的“铿锵玫瑰”！

主宰自己，别把命运压在“塔罗牌”上

塔罗牌是西方古老的占卜工具，中世纪起流行于欧洲，深受女子的喜爱，她们常常会针对爱情、人际关系、工作、学业等来做占卜。当然也有女人利用别的方式占卜预测，这也就是我们通常所说的算命。

很多女人都会对算命情有独钟，只要聊起有关算命的话题，一定兴致盎然。当一个男孩出现了，她会在网上用塔罗牌算算他们是否有缘。当工作不顺心的时候，她会在电脑免费算命里点“关公灵签”看看自己在公司里会不会地位不保。晚上做梦的时候，她会尽量记住梦中的情景，然后在第二天找《周公解梦》来看看它到底预示着什么。但是算来算去，大家就会发现其实挺无聊的，除了心理寄托，从来就没有准过。

算命，大多数时候是心里充满了迷茫，不知道未来会怎么样，不知道该何去何从才产生的一种迷信。这个世界充满了太多的不确定，会让我们心生不安。这个世界充满了太多的不测，让我们忍不住想要去猜测。有人说，命运掌握在自己手中，可经历了很多事情之后，就会发现命运真的很难掌握在自己的手中，我们很容易受到命运的捉弄，所以在疑惑中开始寻求算命的解释。特别

是碰到爱情和婚姻的难题，遭逢失意和彷徨的时刻，很多女人尤其依赖算命。这也许是女人们在无计可施的情况下的一种权宜之计，或者她们不过是在寻找一个方式，来加强和肯定自己的信念和决断。她们对于自己从事何种工作、嫁什么样的丈夫、什么时候结婚的问题，都希望从算命中寻找答案。固然这在理智的人眼里看来很荒唐，却也体现了当事人出于对命运的一种无奈和期望。

虽然算命可以获得一时的寄托，甚至有时候算命先生（机器）还真能碰巧说准什么，但从根本上说，算命并不能预测你的前程和运势。排除绝大部分“投其所好”“信口胡诌”的算命先生不说，就是那一小撮所谓“料事如神”“诸葛在世”的算命先生之言，其实也都是“投机取巧”“察言观色”的结果。

算命其实是一种很古老的统计学。我们知道，人各有气质，有钱人、穷人的气质、个性大不一样，而不同类型的人群中，又会各有相异或相似之处。古人经过不断统计和收集，整理出了一套辨别生命密码的方程式，而一个口碑极佳的算命先生，除了洞察人世之外，还善于评估你的智慧、性格、能力，加上你所处的环境，以此来推算你命运的发展。所以说，再如何“高明”的算命先生都只能说出个大概，若指望他们完全预测你的未来，这纯属白日做梦。

算命不可预测你的未来。生活中，不少女人像赌徒一样相信自己的“运道”，格外地关注和迷信那些深不可测的预兆。她们把自己的幸福、梦想寄托在算命上，算出有好命，她们就情绪激昂；算出有不如意的命，她们就垂头丧气。受算命这种虚无缥缈的东西玩弄摆布，其实比受命运的摆布还要可笑、可悲、可怜。

生命难免会经历迷茫和彷徨，这时候我们需要的是打起精神，清醒地规划我们下一步的目标，而不是把命运压在算命上。

不断学习的你，才会有精彩的未来

当今社会，到处充斥着各种各样的竞争，人们只有通过不断的学习，才能改变自己的命运。那么女性朋友怎样规划自己的学习生涯呢？以下就是一份学习计划书，你不妨参考一下：

1. 做好自我评估

自我评估的目的，是认识自己、了解自己。只有认识了自己，才能对自己的学习目标做出正确的选择，才能选定适合自己的学习路线，才能为以后的职业生涯目标做出最佳抉择。自我评估应包括自己的兴趣、特长、学识、性格、技能、智商、思维方式和方法、道德水准等方面。通过对自己的经历及经验的分析，找出自己的专业特长与兴趣，这是学习生涯规划的第一步。

2. 充分认识和了解外在环境

包括工作与教育的权利、工作的机会、政治环境、经济环境、社会环境、文化环境的认识与探索等。

3. 确定志向和目标

在制定学习生涯规划时，首先要确定志向，这是学习生涯规划中最重要的一点。目标的设定要以自己的最佳才能、最优性格、最大兴趣、最有利的环境等信息为依据。

4. 选择未来职业路线的发展方向

应该问自己，未来的职业向哪一路线发展：是向行政管理路线发展，是向专业技术路线发展；还是先走技术路线，再转向行政管理路线。由于发展路线不同，对职业发展的要求也不相同。因此，在职业生涯规划中，必须做出抉择，以便使自己的学习、工作以及各种行动都沿着职业生涯路线或预定的方向前进。通常，学习生涯路线的选择包括：哪一路线能让自己发展以及能往哪一路线发展。

5. 付诸行动

在确定了学习生涯规划后，行动便成了关键的环节。没有行动，目标就难以实现。这里所指的行动，是指落实目标的具体措施。例如，为达到目标，在工作方面，应当采取什么措施在提高工作效率的前提下达到学习的目的；在业务素质方面，应计划好该学习哪些知识，掌握哪些技能，以提高女性在工作方面的业务能力；在潜能开发方面，采取什么措施开发个人潜能，等等，都要有具体的计划与明确的措施。并且，这些计划要明晰具体，以便于检查。

6. 评估与修订学习生涯规划

影响规划的因素有很多。有的变化因素是可以预测的，而有的变化因素难以预测。在此情况下，要使学习生涯规划行之有效，就必须不断地对其进行评估与修订。修订的内容包括：学习内容的重新选择，学习生涯路线的选择，人生目标的修正，实施措施与计划的变更，等等。当然，计划的制订因人而异，你可以根据自己的情况稍做调整；而计划制订的最终目的是执行，所以，你以后的行动就更为重要了。

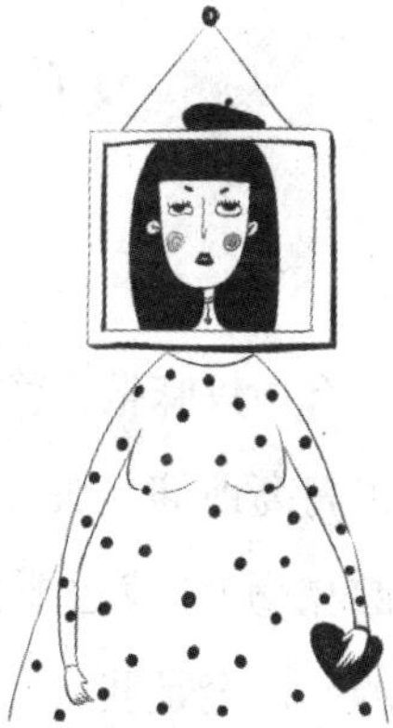

第二章
DIERZHANG

你要活成一束光，将自己和世界照亮

女孩的独立宣言：做我自己

有一只麻雀，总想学孔雀的样子。孔雀的步法是多么骄傲啊！孔雀高高地仰起头，抖开尾巴上美丽的羽毛，那开屏的样子是多么漂亮啊！“我也要像这样，”麻雀想，“那时候，所有的鸟赞美的一定会是我。”麻雀伸长脖子，抬起头，深吸一口气让小胸脯鼓起来，伸开尾巴上的羽毛，也想来个“麻雀开屏”。麻雀学着孔雀的步法前前后后地踱着方步。可这些做法，使麻雀感到十分吃力，脖子和脚都疼得不得了。最糟的是，其他的鸟——趾高气扬的黑乌鸦、时髦的金丝雀，还有蠢鸭子，全都嘲笑这只学孔雀的麻雀。不一会儿，麻雀就觉得受不了了。

“我不玩这个游戏了，”麻雀想，“我当孔雀也当够了，我还是当个麻雀吧！”但是，当麻雀还想像原来那个样子走路时，已经不行了。麻雀再没法子走了，除了一步一步地跳外，再没别的办法了。这就是现在麻雀只会跳而不会走的原因。

这个故事告诉我们，做人要怀有自信，因为你是独一无二的，不需要刻意模仿任何人，你就可以很优秀。但前提是做你自己，而不是像故事中的麻雀一样邯郸学步，结果不但学不成孔雀的样子，反而丢失了自己的本色。所以聪明女孩一定要明白，做自己才最重要。只有做自己，你才能充满自信，才能将自己的潜质发挥出来，才会让你从平凡变得出色，也才有可能在你的人生路上展现属于你自己的独特魅力。

索菲娅·罗兰是意大利著名影星，自1950年从影以来，已拍过60多部影片，她的演技炉火纯青，曾获得1962年奥斯卡最佳女演员奖。她16岁来到罗马，要圆她的演员梦。但她从一开始就听到了许多不利的意见。用她自己的话说，就是她个子太高，臀部太宽，鼻子太长，嘴太大，下巴太小，根本不像一般的电影演员，更不像一个意大利式的演员。制片商卡洛看中了她，带她去试了许多次镜，但摄影师们都抱怨无法把她拍得美艳动人，因为她的鼻子太长、臀部太“发达”。卡洛于是对索菲娅说，如果你真想干这一行，就得把鼻子和臀部“动一动”。索菲娅不是个没主见的人，她断然拒绝了卡洛的要求。她说：“我为什么非要长得和别人一样呢？我知道，鼻子是脸庞的中心，它赋予脸庞以性格，我就喜欢我的鼻子和脸保持它的原状。至于我的臀部，那是我的一部分，我只想保持我现在的样子。”她决心不靠外貌而是靠自己内在的气质和精湛的演技来取胜。她没有因为别人的议论而停下自己奋斗的脚步。她成功了，那些有关她“鼻子长，嘴巴大，臀部宽”等的议论都销声匿迹了，这些特征反倒成了美女的标准。

索菲娅·罗兰在她的自传《爱情与生活》中这样写道：“自我开始从影起，我就出于自然的本能，知道什么样的化妆、发型、衣服和保健最适合我。我谁也不模仿。我从不去奴隶似的跟着时尚走。我只要求看上去就像我自己，非我莫属……衣服的原理亦然，我不赞同你选这个式样，只是因为伊夫·圣洛朗或迪奥告诉你，该选这个式样。如果它合身，那很好。但如果还有疑问，那还是尊重你自己的鉴别力，拒绝它为好……衣服方面的高级趣味反映了一个人健全的自我洞察力，以及从新式样选出最符合个人特点的式样的能力……你唯一能依靠的真正实在的东西，就是你和你周围环境之间的关系，你对自己的估计，以及你愿意成为哪一类人的估计。”

索菲娅·罗兰谈的是化妆和穿衣一类的事，但她深刻地触及了做人的一个原则，就是一定要做自己，不要模仿别人来换取暂时的回报。这种以失去自我为代价的模仿，从长远的角度看，无异于杀鸡取卵。你也许在某个时候会发现，羡慕是无知的，模仿意味着自杀。

聪明女孩，不论好坏，你都必须保持本色，做你自己。可以说，我们每个人的个性、形象、人格都有着无法取代的独特性，所以我们不必去模仿别人，而应时刻秉持自我本色，做最好的自己。

与其攀龙附凤，不如自己成龙成凤

社会中的不少人把人脉看成是一笔重要的财富，并且发出这样的声音："我们都要积极地攀龙附凤。""把大人物发展成为我们的圈里人。"……没错，任何人都不可能单凭自己的力量成功，但是自身的发展，并不能全靠他人的支撑，本身也要具备一定的实力。

没有实力的人，如果哪天发生了意外，能够帮助他的人不再支持他了，那么他肯定会失去原有的光彩。所以，聪明女孩，想要取得成功，就必须学会独立，提升自己的实力。

有一天，大仲马得知自己的儿子小仲马寄出的稿子总是碰壁，就告诉小仲马说："如果你能在寄稿时，随稿给编辑先生附上一封短信，说'我是大仲马的儿子'，或许情况就会好多了。"

小仲马断然拒绝了父亲的建议，他说：“不，我不想坐在你的肩头上摘苹果，那样摘来的苹果没味道。”

年轻的小仲马不但拒绝将父亲的盛名作为自己事业的敲门砖，而且给自己取了十几个其他姓氏的笔名，以避免那些编辑们把他和大名鼎鼎的父亲联系起来。

面对那些冷酷无情的退稿信，小仲马没有沮丧，仍然坚持创作。他的长篇小说《茶花女》寄出后，终于以其绝妙的构思和精彩的文笔震撼了一位资深编辑。这位知名编辑和大仲马有着多年的书信来往。他看到寄稿人的地址同大作家大仲马的丝毫不差，便怀疑是大仲马另取的笔名，但作品的风格和大仲马的截然不同。带着这种兴奋和疑问，他迫不及待地乘车造访大仲马家。

令他大吃一惊的是，《茶花女》的作者是年轻的小仲马。

“您为何不在稿子上署上您的真实姓名呢？”老编辑疑惑地问小仲马。

小仲马说：“我只想拥有真实的高度。”

老编辑对小仲马的做法赞叹不已。

《茶花女》出版后，法国文坛一致认为这部作品可以与大仲马的代表作《基督山伯爵》相媲美，小仲马声名鹊起。

如果依靠父亲的名声，小仲马在文学方面的发展可以一路绿灯，可是他并没有那么做，而是依靠自己的能力，达到了自己想要的高度。

依靠别人的人，始终没有办法独立。不自立的人才会在不提高自己实力的情况下攀龙附凤，而聪明女孩会选择一条独立的道路，提升自己的实力，让自己成龙成凤。

你不是男人的私有财产

聪明女孩在事业上有主见，不受他人摆布；在生活上有自己的圈子，不会因脱离男人而孤独。

女性的独立既包括物质上的独立，也包括精神上的独立。这种独立不是特立独行，而是拥有自己的生活空间、内心感受和表达方式。

物质独立是精神独立的基础。相对于物质独立来说，女人的精神独立更为重要，因为精神的独立是对自我的确认。女人可以在自己的精神世界里建立起一个美好的王国，当她自豪地感觉到自己就是这个王国的女皇时，就会在现实生活中找到自信。女人的精神独立还体现在她的思想是由自己掌控的，而不会为别人盲目改变自己的行为。

女人精神的动摇是一种不独立的表现。很多女人像得了“预支恐惧症”，一接触男人就开始想他将来可不可靠，越想越不对，明明对他有很好的感觉，一下子就恐惧了。其实生命的意义就在此时此刻的分分秒秒，如果你对一个人的感觉好，就应该跟他去共同营造更好的感觉。

所以，聪明女孩一定要学会在精神上独立，精神独立的女人才能真正地坚强和自信起来，即使面对变幻无常的社会，她们也不会失去自己的微笑。

每个女孩都是独一无二的

伟大剧作家莎士比亚说：“你是独一无二的，这是最大的赞美。”

遗憾的是，有许多女孩盲目从众，她们认为流行的就是正确的，放弃了自己本来的风格和个性。殊不知，女性的独特性同自己的生存质量是紧密相连的。当今社会，竞争不仅是才能的竞争，更是个性的竞争。不清楚自己的独到之处，不了解自己潜在的优势，就很难在优胜劣汰的环境中显出实力。要想施展自我，要想不被别人牵着走，女孩只有认真地剖析自我、确认自我，尽力开发自我价值，才能真正地实现自我价值。

丽莎从小就特别敏感腼腆，她的身材一直很胖，而她的脸使她看起来比实际还要胖得多。丽莎有一个很古板的母亲，她认为穿漂亮衣服是一件很愚蠢的事情。她总是对丽莎说："宽衣好穿，窄衣易破。"而母亲总照着这句话来给丽莎穿衣服。所以，丽莎从来不和其他孩子一起做室外活动，甚至不上体育课。她非常害羞，觉得自己和其他人不一样，完全不讨人喜欢。

长大之后，丽莎嫁给一个比她大几岁的男人，可是她并没有改变。丈夫一家人都很好，每个人都充满了自信。丽莎尽最大的努力要像他们一样，可是她做不到。他们为了使丽莎开心而做的每一件事情，只会令她更退缩到她的壳里去。丽莎变得更加紧张不安，躲开了所有的朋友，情形坏到她甚至怕听到门铃响。丽莎知道自己是一个失败者，又怕她的丈夫会发现这一点，所以每次他们出现在公共场合的时候，她都会刻意去模仿某个看似优雅的人的服饰、动作或表情，她假装很开心，结果常常显得太做作。事后，丽莎会为此难过好几天，以致她觉得再活下去也没有什么意思了。

一天，丽莎的婆婆正在谈她怎么教养她的几个孩子，她说："不管事情怎么样，我总会要求他们保持本色。"

"保持本色！"就是这句话！在那一刹那，丽莎才发现自己之所以那么苦恼，是因为她一直在试着让自己适应一个并不适合自己的模式。

丽莎后来回忆道："在一夜之间我整个人都改变了。我开始保持本色，不再去模仿任何人。我试着研究我自己的个性、优点，尽我所能去学有关色彩和服饰的知识，尽量以适合我的方式去穿衣服，主动地交朋友。我参加了一个社团组织——起先是一个很小的社团——他们让我参加活动，刚开始我被吓坏了。可是我每发言一次，都会增加一点勇气。今天我所有的快乐，是我从来没有想到可能会得到的。在教养我自己的孩子时，我也总是把我从痛苦的经验中所学到的教给他们：'不管事情怎么样，总要保持本色。'"

丽莎的转变告诉我们，模仿他人，结果只能以失去自我作为代价。在古代，东施效颦、邯郸学步等典故，就警示人们不要一味模仿别人。每个人生来都是独一无二的，模仿别人，便是扼杀自己。

一个女人，只要坚守自己的个性，在世界这座百花园中，你同样是一朵奇葩。世界上所有的东西都是不可替代的，是绝无仅有的，你也是这个世界上独一无二的。

你完全可以把巩俐、张惠妹当作心中的偶像，完全可以惊叹杨澜、张璨创造的惊人财富，但你千万不可妄自菲薄，轻视了自己。尽管你存在这样或那样的缺陷，但只要坚信自己是独一无二的，展现出你的个性，展现出你的魅力，你在自己的领域也能做出毫不逊色于她们的成就。

世界上没有两片完全相同的叶子，即使是双胞胎，在言谈举止等方面有诸多的相似之处，但在其他人眼中，她们依然具有自己的个性，是人世间任何一个“她”都无法比拟和取代的。

有一句老话叫“尺有所短，寸有所长”。没有理由拿自己和别人去比较，更没有必要因为这种无意义的对比而给自己造成不必要的心理压力。每个女孩都有自己独特的能力和才干，别人是块金子能闪闪发光、灿烂夺目，就算你是块煤炭也能熊熊燃烧、温暖世界。

个性就是特点，特点就是优势，优势就是力量，力量就是成大事必具的特质。所以，每个聪明女孩都应该记住，你是独一无二的。

太在意别人的眼光，将暗淡自己的光彩

在这世上，没有任何一个人可以赢得所有人的好感。太在意别人的眼光，会逐渐暗淡自己的光彩。

西莉亚自幼学习艺术体操，身段匀称灵活。可是很不幸，一次意外事故导致她下肢严重受伤，一条腿留下后遗症——走路有点瘸。为此，她十分沮丧，甚至不敢上街，因为害怕看见别人注视她残腿的目光。于是，西莉亚搬到约克郡乡下。

一天，小镇上的雷诺兹老师领着一个女孩来向她学跳苏格兰舞。在他们诚恳的请求下，西莉亚勉为其难地答应了他们。为了不让他们察觉自己残疾的腿，西莉亚特意提早坐在一把藤椅上。可那个女孩偏偏天生笨拙，连起码的乐感和节奏感都没有。

当那个女孩再一次跳错时，西莉亚不由自主地站起来给对方示范动作要领——一个带旋转的交叉滑步动作。西莉亚一转身，便敏感地看见那个学生的目光正盯着自己的腿，一副惊讶的神情。她忽然意识到，自己一直刻意掩盖的残疾在刚才已暴露无遗。这时，一种自卑让她无端地恼怒起来。西莉亚的行为伤害了女孩的自尊心，女孩难过地跑开了。

事后，西莉亚满心歉疚。过了两天，西莉亚亲自来到学校，和雷诺兹老师一起等候那个女孩。西莉亚说：“如果把你训练成一名专业舞者恐怕不容易，但我保证，你一定会成为一个不错的领舞者。”

这一次，他们就在学校操场上跳，有不少学生好奇地围观。那个女孩笨手笨脚的舞姿不时招来同学的嘲笑，她满脸通红，不断犯错，每跳一步，都如芒刺在背。西莉亚看在眼里，深深理解那种无奈的自卑感。她走过去，轻声对那个女孩说：“假如一个舞者只盯着自己的脚，就无法享受跳舞的快乐，而且别人也会跟着注意你的脚，发现你的错误。现在你仰起脸，面带微笑地跳完这支舞曲，别管步伐是不是错了。”

说完，西莉亚和那个女孩面对面站好，朝雷诺兹老师示意了一下。悠扬的手风琴音乐响起，她们踏着拍子，愉快起舞。其实那个女孩的步伐还有些错误，而且动作不是很

和谐，但意外的效果出现了——那些旁观的学生被她们脸上的微笑所感染，不再去关注舞蹈细节上的错误。渐渐地，越来越多的学生情不自禁地加入舞蹈中。大家尽情地跳啊跳啊，直到太阳下山。

生活在别人的眼光里，就会找不到自己的路。

其实，同一个事物，每个人的眼光都有不同。面对不同的几何图形，有人看出了圆的光滑无棱，有人看出了三角形突出的棱角，有人看出了半圆的方圆兼济，有人看出了不对称图形独到的美……

同是一个甜甜圈，悲观者看见一个空洞，而乐观者却品味到它的甜美。

同是描绘赤壁之战，苏轼高歌“雄姿英发，羽扇纶巾，谈笑间，樯橹灰飞烟灭”，杜牧却低吟“东风不与周郎便，铜雀春深锁二乔”。

同是“谁解其中味”的《红楼梦》，有人听到了封建制度的丧钟，有人看见了宝黛的深情，有人悟到了曹雪芹的良苦用心，也有人只津津乐道于故事本身……

苏轼曾说：“横看成岭侧成峰，远近高低各不同。”人生是一个多棱镜，总是以它变幻莫测的每一面映照着生活中的每一个人。不必介意别人的流言蜚语，不必担心自我思维的偏差，坚信自己的眼睛，坚信自己的判断，执着自我的感悟，用敏锐的视线去审视这个世界，用心去聆听、抚摸这个多彩的人生，给自己一个富有个性的回答。

女人既温柔又强悍，生命才精彩

大多数人的眼中，“坏”女人是个性突出、敢爱敢恨的女人的综合体。她们向往婚姻上的自由和性爱上的满足，即使是未婚同居，她们也表现出无所畏惧的样子；她们主张经济独立，即使每天都要拖着疲惫的身子回家，她们也不觉得委屈；她们享受消费，是为了取悦自己；她们不懂得压抑是什么，也不知道什么是恐惧；她们天生就敢于追求，敢做敢当。

“坏”女人尊重自己的价值，在她们的字典里，“坏”是性感和热情的代名词，是敢于抗争、敢于奋斗的另一种说法，所以她们眼里的“坏”是一种赞美、一种表扬，“坏”女人就是好女人。

当然，在中国的传统美德里，对好女人的解释不是这样的。人们说，好女人是温柔的、贤惠的，是懂得自我牺牲的，是能够勤俭持家的。好女人为了家庭，为了丈夫和孩子，可以不惜牺牲自己……可是，这样的女人常常是自我压抑的，每天都在单一的生活模式里，心里想的只有别人没有自己。这样的女人即使家庭无忧，丈夫事业美满，孩子成绩优秀，也未必能感觉到自己的真实存在。

只想着别人的人，是伟大的，但我们都是凡人，不可能总是一味地强调牺牲，为了他人的幸福而舍弃自己的快乐。所以，好女人应该在让他人快乐的同时，也让自己快乐起来。

女人的生活就好像一个万花筒，只要稍微一改变，就有可能产生不一样的效果。现代女性，能够出得了厅堂，入得了厨房。她们在家里，是贤妻良母，在职场中，一转身就变成了“铁腕娘子”，应对自如地游走于婚姻、生活和事业之间，要是没有“十八般武艺”，还真是做不到呢。

那么，怎样才能修炼成既温柔又强悍的现代女性呢？

1. 珍爱自己

现代女性一定要懂得珍爱自己，一定要注重自己的健康和美貌。爱自己的人，才会懂得爱别人。如果你连自己都不爱，还怎么可能指望别人来爱你呢？

2. 保持独立

现代女性不会将自己的生活重心全部放在男人身上，在她们看来，男人并不是自己命运的主宰，而自己也不是男人的私有财

产。所以，不管女人从事的是什么工作，都应该按照自己的意愿安排生活，而不是依靠男人。

3. 自主安排时间

现代女性的时间通常情况下都是自主安排的。特别是男人想要随心所欲地安排我们的时间的时候，更应该表现出自主权。如果你一味地迎合，他就会觉得你是完全听任于他的，以后再有什么事情，他可能就不会考虑你的意见而直接替你做决定了。

4. 有幽默感

有幽默感的女人能够让人觉得快乐，而且真正的幽默感是需要思考才能表现出来的，是富有一定的内涵的。只要你的幽默感不是对他人的一种伤害，大多数人都会对你的幽默感表示欢迎的。

5. 重视男人，但不能只重视男人

男人可能会觉得自己很重要，你一定要表现出对其他事物的在乎程度可能会超过他，这样他才会产生危机感，从而更加在乎你。

想要什么就大声喊出来

中国的女孩受到文化的影响，常常习惯于压抑自己的个性，她们将内心的需要藏得很深，明明很想要，或者很在意，却总是装作一副无所谓的样子，致使自己错过了很多机会。所以，聪明的女孩，想要什么就大胆地喊出来，并且努力实现自己的目标。只有这样，才能达成自己的心愿，过上自己想要的生活。

罗马纳·巴纽埃洛斯是一位年轻的墨西哥姑娘，16 岁就结婚了。在两年当中她生了两个儿子，之后丈夫离家出走，罗马纳只好独自支撑家庭。但是，她决心谋求一种令她自己及两个儿子感到体面和自豪的生活。

她用一块普通披巾包起全部财产，跨过里奥兰德河，在得克萨斯州的埃尔帕索安顿下来。她在一家洗衣店工作，一天仅赚 1 美元，但她从没忘记自己的梦想，她要摆脱贫困，过上受人尊敬的生活。于是，口袋里只有 7 美元的她，带着两个儿子乘公共汽车来到洛杉矶寻求更好的发展。

她开始做洗碗的工作，后来找到什么活就做什么，拼命攒钱。直到存了 400 美元后，她和姨妈共同买下一家拥有一台烙饼机及一台烙小玉米饼机的店。

她与姨妈共同制作的玉米饼非常成功，此后还开了几家分店。后来，姨妈觉得工作太辛苦了，便把股份卖给她。

几年后，她经营的小玉米饼店成为美国最大的墨西哥食品批发商，拥有员工 300 多人。

经济上有了保障之后，这位勇敢的年轻妇女便将精力转移到提高美籍墨西哥同胞的地位上。

“我们需要自己的银行。”她想。后来她和许多朋友在东洛杉矶创建了泛美国民银行。这家银行主要是为美籍墨西哥人所居住的社区服务。

起初，对此事并不看好的专家们告诉她："不要做这种事。"他们说："美籍墨西哥人不能创办自己的银行，你们没有资格创办一家银行，而且永远不会成功。"

"我行，而且一定要成功。"她平静地回答。结果，她梦想成真了。

她与伙伴们在一个小拖车里创办起他们的银行。可是，她到社区销售股票时却遇到另外一个麻烦，因为人们对她毫无信心，她向人们兜售股票时遭到拒绝。

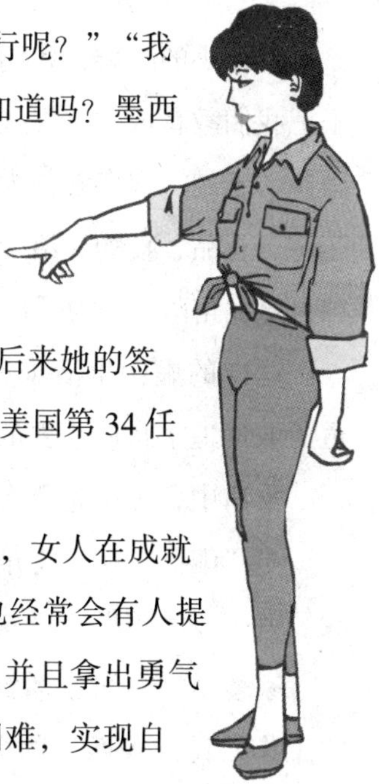

他们问道："你怎么可能办得起银行呢？""我们已经努力了十几年，总是失败，你知道吗？墨西哥人不是银行家呀！"

但是，她始终不愿放弃自己的梦想，努力不懈。如今，这家银行取得成功的故事在东洛杉矶已被传为佳话。后来她的签名出现在无数的美国货币上，因为她是美国第 34 任财政部长。

通过上面这个故事，我们可以看出，女人在成就梦想的路上，总是会遇到很多困难，也经常会有人提出异议。只要勇敢地喊出自己的目标，并且拿出勇气应对困难和挫折，我们就能摆脱一切困难，实现自己的目标。

当然，社会的发展还没能让我们摆脱“淑女”印象的枷锁，女孩像男孩一样在社会上打拼，常常会让身边的人不解。但是，周围的一切不过是社会给予女孩的“精神监牢”，只有勇敢地打破它，我们才能获得自由和快乐。

大胆做个“利己主义者”

从很小的时候，我们就听过孔融让梨的故事。家长和老师为了把我们教育成一个好孩子，常常会教导我们要懂得礼仪，学会谦让。于是，很多女孩为了得到“谦让”的美名，把自己喜欢的座位、礼品、食物让给了别人，在听到大人的那一声夸奖之后，独自躲在角落里，为了自己的“伟大”而忍受着并不喜欢的事物。

这样的虚伪生活难道就是对一个人品德的高度赞扬吗？难道勇敢地追求自己想要的事物也有错吗？

生活中，并不是所有的舍弃和忍让都是有价值的，

当“谦让”和“放弃自己的利益”不能发挥出价值的时候，我们就应该大胆做一个“利己主义者”，勇敢地成全自己。

家境贫寒的韩雪曾经面临两难的选择。爸爸妈妈没有稳定的工作，比她大两岁的哥哥在读高三，已经经历了两次高考，

由于他不爱学习，所以成绩一直不好，没能考上大学，就一直复读。转眼，韩雪也上高三了，如果她也参加高考，家里的负担就更重了。于是，爸爸妈妈做了一个决定，要求她放弃学业，早一点找到一份合适的工作，赚钱贴补家用，供哥哥上学。

面对这样的情况，韩雪很为难：上大学一直是她的梦想。为了实现这个梦想，她很努力地学习，成绩在班里名列前茅。相比之下，哥哥不爱学习，成绩也不太好，考上大学的希望很渺茫。所以，如果真的需要一个人放弃学业的话，还不如让哥哥放弃，而自己读书。

权衡利弊后，韩雪将自己的想法告诉了父母，他们不仅不支持她，还责怪她只考虑自己，完全不顾及哥哥的感受。可是，哥哥站在了她这一边，主动放弃学业，开始赚钱养家。

一年以后，韩雪不负众望，考上了名牌大学。四年以后，她被一家大公司录用。工作几年之后，她把所有积攒下来的钱都交给父母，让他们还清了家里的债务，还买了新房子。看到韩雪为家里做了这么多，当初一直不满意她的父母终于原谅了她。邻居们见了，也纷纷夸赞韩雪孝顺，完全忘记了当初对韩雪“自私”行为的指责。

由此可见，“利己”并不等同于自私。自私是内心只有自己，完全不顾及他人，而“利己”是在自己的牺牲和忍让不能对他人产生价值的时候，争取自己的利益。

所以，聪明女孩应该做一个大胆的“利己主义者”。

“安稳”不是女孩最好的归宿

平凡的女人，之所以一生无大的成就，因为她一直在追求一种安全平稳的生活，一旦得到，便想固守不求进取了。这样，她一生只会机械地工作，挣来维持温饱的薪金，然后静待死神的光临。

眷恋安稳的女人在开始做一件事情之前，总是会做过多的准备工作。她们认为每一项计划和行动都需要完美的准备。她们只在自己熟悉的领域搭建一个舒适的温室，将“在家靠父母，出门靠朋友”这句话彻底执行。她们不敢向陌生的领域踏出一步，对生活中不时出现的那些困难，更是不敢主动发起“进攻”，只是一躲再躲。她们认为，保持自己熟悉的现状就好，对于那些新鲜事物，还是躲远点，否则，就有可能被撞得头破血流。安稳是一个

陷阱，让她们丧失了斗志和激情，她们不敢打破现有的生活方式，不敢寻求新的改变，结果在懒散之中松弛了自己的皮肤和精神。

有句名言："一个人的思想决定一个人的命运。"做任何事都寻求安全感，不敢挑战冒险，是对自己潜能的否定，只能使自己的潜能不断地缩小。与此同时，安全感会使你的天赋被削弱，就像疾病让人体的机能萎缩、退化一般。

如果女人能够突破"安稳"这一关，尤其在20多岁的最佳年龄开始奋斗，就可能会有很大的改观。

香奈儿这个名字是一个传奇，她从来就不是一个安于本分的人。她的名字后来成为西方女性解放与自然魅力的代名词。香奈儿年轻时是巴黎一家咖啡厅的卖唱女，她经历过一次失败的情感——18岁时当了花花公子博伊的情妇。但她没有就此沉沦下去，而是借助博伊的资金开了三家时装店，使她的服装进入巴黎的上流社会。

对于浮夸与矫情的上流社会，香奈儿的礼服是玛戈皇后装的翻版。香奈儿和她的服装充满了怪异，但也充满了致命的吸引力。有一次，她的长发不小心被烧去几绺，她索性拿起剪刀把长发剪成了超短发。在她走进巴黎舞剧院之后的第二天，巴黎贵妇们纷纷找到理发师给她们剪"香奈儿发型"。无论是香奈儿的香水还是香奈儿的服装，真正的魅力在它们的创造者身上。

30岁以后的香奈儿还清了欠博伊的钱，她独立了。从1930年一直到去世，她都独自住在巴黎利兹饭店的顶楼上，她是世界上最著名的服装设计师之一。

每天晚上睡觉的时候，她唯一需要确定的是，那把心爱的剪刀是否放在床头柜上。她说："如果非要我选择，我选择时装。"

香奈儿给女人们的忠告是："也许我会令你感到惊讶，但归根结底，我认为一个女人若想要快乐，最好不要遵从陈腐的道德。做出这种选择的女人具有英雄的勇气，虽然付出孤独的代价，但孤独能帮助女人们找到自我。我爱过的两个男人从来不了解我。他们很有钱，却不曾了解女人也想做些事。忙碌起来能使你的分量加重。我很快乐，但几乎没人知道这一点。"

在她最后的日子里，她说："由种种事情来看，我的一生完全正确，我没有丈夫、孩子，但我有一堆财富。"

这些给了香奈儿成功的灵感和动机，让香奈儿走出了"安稳"的牢笼，创造了一个经典的品牌。每一个女人，不管你的外表是美还是丑，也不管你的心智是聪明还是愚笨，都要凭着自己的努力去过自己想要的生活，而不要被"安稳"的温柔陷阱杀死。多一些冒险精神，做一个独立的个体，经济独立、事业有成，这样的女人永远自信快乐。

姑娘，你活得太“狠”了

有人说，女人应对自己“狠”一点，因为“狠女孩”才有福。因为“狠女孩”知道在得失中做出选择，她们敢爱敢恨、敢作敢为。即使要承担许多的痛苦，为了朝着自己的目标前进，她们毫不犹豫，狠下心来去做，直至达到自己的目标。

她从名校毕业后被分配到一个让人们眼红的政府机关，干着一份惬意的工作。

好景不长，她开始陷入苦闷，原来她的工作虽轻松，但与所学专业毫无关系。她想辞职出去闯一闯，外面的世界很精彩，但风险太大。她将自己的困惑告诉了她最敬重的一位长者。长者一笑，给她讲了一个故事：

一个农民在山里打柴时，拾到一只样子怪怪的鸟。那只怪鸟和刚满月的小鸡一样大小，还不会飞，农民就把这只怪鸟带回家给小女儿玩耍。

调皮的小女儿玩够了，便将怪鸟放在小鸡群里充当小鸡，让母鸡养育。

怪鸟长大后，人们发现它竟是一只鹰，他们担心鹰再长大一些会吃鸡。渐渐地，人们越来越不满，如果哪家丢了鸡，便会首先怀疑那只鹰——要知道鹰终归是鹰，生来是要吃鸡的。大家一致强烈要求：要么杀了那只鹰，要么将它放生，让它永远也别回来。因为和鹰有了感情，这一家人决定将鹰放生。

谁知，他们把鹰带到很远的地方放生，过不了几天那只鹰又回来了。他们驱赶它不让它进家门，他们甚至将它打得遍体鳞伤，都无法成功。

后来村里的一位老人说："把鹰交给我吧，我会让它永远不再回来。"老人将鹰带到附近一个最陡峭的悬崖绝壁旁，然后将鹰狠狠向悬崖下的深涧扔去。那只鹰开始如石头般向下坠去，然而快要到涧底时，它终于展开双翅托住了身体，开始缓缓滑翔，最后轻轻拍了拍翅膀，飞向蔚蓝的天空。它越飞越自由舒展，越飞越高，越飞越远，渐渐变成了一个小黑点，飞出了人们的视野，再也没有回来。

听了长者的故事，年轻的女孩似有所悟。几天后，她辞去了公职，在社会上打拼，终有所成。

面对安逸的工作环境，年轻的女孩坚定地选择了自己的道路，这就是"狠女孩"的作为。

在面临选择的时候，如果已经拥有了不错的条件，很多女孩都是不愿意舍弃的。"狠女孩"是不一样的，她们有自己的主见，并且不会被眼前的利益所迷惑。即使所选择的道路上充满了荆棘，她们也会毅然决然地走下去。

由此可见，"狠女孩"才能主宰自己的命运，聪明的女孩应该勇敢地做一个“狠女孩”。

别让“贤淑”埋没你的精彩

在现实中生活中，相当一部分的女性尤其是婚后醉心于“柴米油盐”的女性，恐怕很少有人对自己在婚前婚后的巨大反差进行过思考：我为什么不见了往日的清纯？为什么我不再拥有当年赏花吟月的情怀？这样的女性在结婚后是循着“男主外，女主内”的传统思维路线生活的。她们一旦结了婚，就会自觉地把绝大部分精力用于家庭，而放弃原先的梦想和进取精神。

以前的女性凭着“贤淑”还能维持一个安稳牢靠的家，现代女性再固守“贤淑”，情形恐怕就没那么乐观了。

一个女人如果自愿放弃对事业的追求、自我的提升，而满足于屋里屋外的生活，甘愿做男人背后的那个“伟大女人”的话，终有一天岁月的风尘会淹没她昔日的灵光，烦琐的家务会将她的高贵磨平，日复一日的操劳会让她的青春黯然失色，这时，女人的生活是否还能继续下去？

有这样一位女性，上大学时是声名远播的美女，能力出众。她的丈夫当年“过五关，斩六将”，好不容易才把她追到手，两人从此出双入对。后来两人结婚了，婚后她承担了家里所有的家务活，全心全意支持丈夫的事业。有一次她发现自己意外怀孕后，为了不影响丈夫的事业，她一个人去医院做了流产手术。结果由于身体过度虚弱，她昏倒在医院走廊上。

十几年过去了，丈夫的事业越来越好，35 岁那年，他当上了国内某知名公司的高层管理人。她想这下好了，自己的心血没有白费，该为自己的兴趣爱好腾点时间了。正当她心满意足的时候，丈夫却要求离婚，说自己早就不爱她了。

很长一段时间，她整天以泪洗面，甚至连死的心都有。她这么辛苦地操持这个家，从来都不是为了“夫荣妻贵”的美景，她只想让他知道自己有多么爱他，让他因为得到了这个好女人而高兴。她付出了一切，但他怎能这样薄情寡义？

这就是现代社会一些女性的血泪经历。看看如今居高不下的离婚率，其中有不少女人是任劳任怨的好女人。她们不仅要

“主内”，还要“兼外”，既要上班又要照顾家庭，还把自己辛苦所得的薪水全部用来补贴家用。她们承受着内外的双倍压力，日复一日地劳作，却换不来男人真心的感动，她们的一切付出，在男人眼里是“理所当然”。女人要“贤淑”，这是古训，是女人应该做的，女人的爱、美德、奉献、忘我在“贤淑”面前被一笔抹杀了。男人把“贤淑”当成女人的天职，他们认为是自己在支撑着整个家庭，女人没有他活不了，是他的“主外”成就了女人“主内”的“闲职”。

这就是女人“贤淑”所换来的后果。贤淑一度被赞誉为美德，可懂得欣赏这种美德的男人有多少？懂得珍惜这种美德的男人又有多少？

贤淑是自古以来中国男子对女子的“殷殷期盼”，今天看来，其实就是给女人套了一个“愚民”的枷锁！女人在“贤淑”

里挣扎着，男人在“贤淑”外享受着，这难道就是女人“贤淑”之后想要得到的？

我们不是说“贤淑”不好，而是说在这个喧嚣浮躁、不懂感恩的社会中，女人要学会为自己着想，与其辛辛苦苦换来肝肠寸断的结局，不如放开手脚创造自己的精彩。

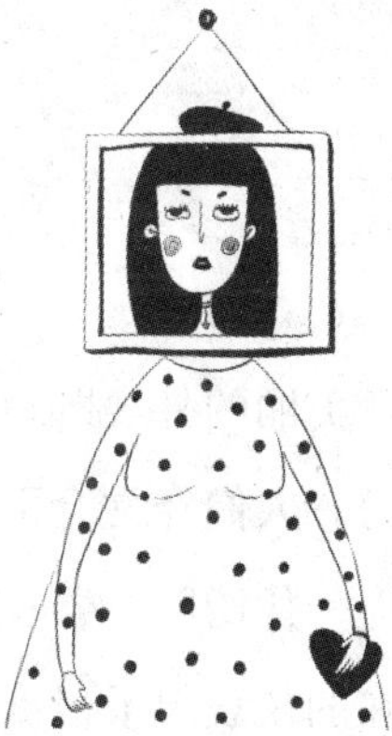

第三章
DISANZHANG

每一个穿衣好看的姑娘，都自带高级感

塑造外貌就是栽培人生

美丽的外表既包括与生俱来的俊朗秀丽，也包括后天的衣着打扮。人们经常会下意识地把一些正面的品质加到外表漂亮的人身上，像聪明、善良、诚实、机智等。当我们做出这些判断时，外在的仪表起了很重要的作用，这已经成了不争的事实。

这就是美丽的魔力，但有很多人还没有认识到或者不敢承认它的能量之大。于是他们忽视了培养和塑造自己的美丽，也因为如此失去了好多难得的机会。鲁豫曾经也是一只不起眼的“丑小鸭”，也因为这样错失了一次机会。

鲁豫在北京广播学院（现中国传媒大学）上学时就获得了一个大型英语演讲比赛的第一名。这样的成绩让她声名远播，一个不错的工作机会找上了她。中国民航有一档节目叫《空中博览》，需要找一个外语能力不错的女主持。节目的编导慕名找到了鲁豫，可惜当时的鲁豫全然没有如今的风采：灰头土脸的她身上一点吸引人的地方都没有，编导们败兴而归。鲁豫后来才明白，不是因为能力不足，而是缺乏吸引力的外表让自己有了一次“美丽的遗憾”。

如今的鲁豫外形清新自然，举手投足间流露出优雅。如果当年的她能够有现在一半的风采，那她的事业起点可能就是《空中博览》了。后来的鲁豫开始注意形象了。《鲁豫有约》筹备阶段需要招聘一些编导，她曾经对负责面试的主编和制片人开玩笑说：“当候选人的学历水平一样的时候，一定要以貌取人。”虽然她说这些有开玩笑的成分，但正如她所说的一个有着得体外表的编导，审美上才不会有问题。

其实，从心理学的角度讲人人都有呵护美、向往美、追求美的心理。这种心理引导着大家积极地爱美、扮美、学美，反映在现实中，大家就会对美的人或事物有所偏爱。那么，这种“以貌取人”的做法也就不难理解了。无论是高矮胖瘦，只要注意，总能装扮出个性的美。正如一个花园，不论色彩整体，只要是花朵就有它独特的美丽。

对于初涉职场的人来说，美丽的外表是一种资本，你的形象代表的是一个公司的形象。

日本著名企业家松下幸之助，在日记中曾记录了这样一件事。一次，他去理发时，理发师十分尖锐地批评了他的仪容：“你是公司的代表，却这样不注重仪容，别人会怎么想？连你都这么邋遢，你公司的产品还会好吗？”理发师还建议，为了公司的形象，松下应每次都专门到东京来理发。松下听了理发师的话，觉得很有道理，以后就非常重视自己的仪容，并要求所有松下的员工都这样做。

公司领导者或员工在各类社交活动中所展现出的形象，很容易使公众联想到他们所在公司的整体形象以及他们的产品质量如何，而他们所展现的这种形象又有助于企业的发展壮大。

不管是在日常生活中，还是在职场上，我们不但要装扮自己维护美丽的外表，还要注意自己的言谈举止。外表能为你的成功增加筹码，在这个以貌取人的年代里，塑造外貌就是栽培人生。

舍得为自己投资，才能活成自己喜欢的样子

每个女人都是美丽的。世界上最漂亮、最独特的面容就是自己，关键在于你是否能够把握、表现出你独特的美。杨柳婀娜，松柏苍翠，翠竹秀美，同在阳光下成长，同在月光下沐浴，每个人都有属于自己的特点，每一处风景都有其独特的美丽。女人大

可不必为自己的五官不够精致而苦恼不已。每个女人都是一道风景，每个人都有自己的长短优劣，只要你善于打扮和提升自己，扬长避短，那么那个吸引众人眼球的美女可能就是你！

初中时小美是同学眼中的花仙子，是男生魂牵梦萦的“梦中情人”，而坐在小美旁边的小雨则恰恰是“以丑衬美”的最佳陪衬。

时光飞逝，一转眼10多年过去了，昔日的小雨已经出落成亭亭玉立的大姑娘，在北京的一家大型企业担任高级翻译，优雅得体的装扮、温文尔雅的谈吐，为她赢得了无数的鲜花和掌声，还有一大批“慕名而来”的追求者。春节时，多年未见的初中同学聚在了一起，当小雨和小美出现在众人面前时，大家都无一例外地“大跌眼镜”，惊叹的是当年的小雨今日变淑女，当年的花仙子，今日却……唉，这究竟是“女大十八变”还是“岁月催人老”？其实什么都不是，每个人都有自己独特的美，关键在于你是否勤于发掘，善于展示。这个世界上没有丑陋的女人，只有懒惰的女人。

原来，小美初中毕业后念了几年中专就回家嫁人了，开了一家副食店，每天起早贪黑，劳累之中便失去了打扮的雅兴。长长的头发随意用皮筋扎在后边，脸上整天蒙着烟尘也顾不得擦一下，早上匆匆洗把脸就出门，晚上懒洋洋地擦一擦就算了，日久天长，再美的容颜也经不起这样的怠慢，美丽就这样被“摧残”了。而小雨就不一样了，考上大学后，她意识到外表是女人的“重要门面”，便开始减肥，每天做大量的运动，并控制饮食。同时，她还注重保养皮肤，每天洗脸护肤步骤执行得一丝不苟。考虑到“面子”对事业的重要性，她还专门“进修”了一下美容课程，一到重要场合，必定“精雕细琢”，“闪亮”登场。精益求精的追求，让她的品位越来越高，通过年年月月的“精心保养”，如今的小雨，在大街上的回头率是百分之二百——这并不是因为小雨天生丽质，而是她懂得如何扬长避短，找到了最能彰显自己的方式。

小雨通过自己的努力实现了从“丑小鸭”到“白天鹅”的蜕变，生活中像她这样的人还有很多。

所以，没有天生丽质不是女人的悲哀，懒惰才是女人最大的不幸！女人要追求美，就要付出代价，不是要你“一掷千金”地整容、购物，而是要在平时的各个细节上重视自己的形象。即使你时间再紧，每天几分钟的打理，每次买衣服时的考量也占用不了多少时间。

女人要想在社会上立足，“面子”是头等大事。女人在20多岁以后，为了让自己的人生更加精彩，请开始投资自己的“形象工程”吧。

美貌也是一种生产力

大家都知道“以貌取人”有失公正，但是在现实生活中，大家却又都这样做着，因为外表美是最直观、最有冲击力的印象。

如果可以长久地与人交往，还有可能被人发现自己的内在美，但更多的时候，人与人的交往是短暂的，别人根本就没有机会了解你的内在。更可悲的是，有很多人由于糟糕的外表而使自己失去了被别人深入了解的机会。

而长期以来，在“外表美”和“内心美”孰轻孰重的讨论中，“内心美”的拥护者们总是保持着压倒性的优势，这样的事实确实令人欣慰，但这也导致了大多数人的一个重大误解，那就是：只要心灵美就行了，外表怎样无足轻重。这种观念实在是脱离实际，害人不浅。它可能会让很多有着善良本性和丰富内心但不重外表的人们在人生各种大大小小的竞争和博弈中屡战屡败、吃尽苦头，却弄不清楚原因。其实，外貌也是一种生产力，它的价值往往超出了人的想象。

改革开放时期，一大批农民企业家迅速崛起，陈志贵就是其中的一个。他就地取材，以当地特产的优质大豆为原料，创办了一家豆粉饼加工厂。由于经营有方，业务很快就做大起来，客户不仅发展到了全国，甚至还发展到了东南亚地区。然而有一次，在完成了一张来自香港的大订单几天之后，香港公司却打来电话，怀疑货物“有质量问题”，要求退货。

陈志贵对自己的产品很有信心，认为一定是其他环节出现了问题。他简单收拾了一下行李，立即飞往香港。当西装革履、风度翩翩的陈志贵出现在香港公司的总经理面前时，对方竟然惊讶地张大了嘴巴。在之后的相处中，陈志贵不卑不亢，充分表现出一个现代企业家应有的气质和风度，最终不仅“质量问题”烟消云散，他还和那位总经理成了好朋友，成为长期的商业伙伴。对方这才告诉他，这批货是香港公司的一个部门经理向陈志贵订的，当总经理得知这批货是由农民加工生产时，由于对内地的想法还很陈旧，于是在脑海里凭空臆想出了一个衣衫褴褛的农民形象。他顾虑重重，对那批货看也不看，就做了退货的决定。但当形象气度俱佳的陈志贵出现在他面前时，他才知道自己犯了个多么可笑的错误。

亨利·福特说：“好形象是一个人事业成功的通行证。”这句话就是对陈志贵的成功最恰当的注释。而对于女人来说，这句话更具有深刻的现实意义。试想，一个衣冠不整、邋邋遢遢的人和一个装束典雅、整洁利落的人在其他条件差不多的情况下，同去办一件事，恐怕前者很可能会受到冷落，而后者则容易得到善待。

有一个刚毕业一年的女人，勤奋好学，她的专业知识十分丰富，业务技能也十分熟练，工作比很多同龄女人都出色，才25岁就成为部门里的业务骨干。但是，公司里会见客户、出差商谈的美差总轮不到她，所以晋升的机会很渺茫。究其原因，就是因为她不注意自身形象，头发油污发亮，经常掉头皮屑；穿的衣服质地非常低劣，一看就知道是地摊货。一个才20多岁的女人邋遢脏乱得像一个上了年纪的老太太，所以，这个女人虽然有能力，却在形象气质上吃了大亏。

无论你是否愿意承认，“以貌取人”是大多数人的识人标准之一，所以重视外表的修饰和重视内心的修养一样重要。

现代社会，美正在引发越来越大的效应。在商场，富有商业经验的管理者，会选择漂亮迷人的姑娘作为商场导购人员，美女们甜甜一笑，总能打动不少人的心；在车展上，千姿百态的车模们成为会场的宠儿，成千上万的男士们忘情地流连其中，不知道是在看车，还是在“赏花”；更有精明的商人，已经不再停留于靠美女赚钱的阶段，而是大张旗鼓地做起了“美女经济”，他们让漂亮女人为服装、饰品、化妆品做广告，吸引着无数爱美的女人争先追逐，而这些女人由此获得的回报又使她们“无法自拔”地沉醉其中。总之，这个世界总是为美人开道，似乎大众都更眷顾美人。

所以对于女人来说，良好的形象犹如一支美丽的乐曲，它不仅能够提升自己的自信心，也能给别人带来审美的愉悦，使你办起事来信心十足，一路绿灯。可以说，美貌本身就是一种生产力，女人应该善加利用。

既要有深度，也要有弧度

有人曾经说过这样一段话：“男人不需要有深度的女人，需要有弧度的女人。女人，如果不性感，就要感性；如果不感性，就要理性；如果不理性，就要有自知之明；如果一样都没有，那会很不幸……”对于这种观点，我们不能苟同，女人要感性也要理性，感性与理性完美交融才是最有魅力的女性。

林徽因是一个美丽而又有智慧的女人，她不仅具有诗人的浪漫与灵性，也拥有建筑家的理智和严谨务实的性格，理性的才思和激情的潜流在她心底合二为一、水乳交融。对于爱情，林徽因同样能够在理性与感性间拿捏分寸，游刃有余。林徽因少女时代与徐志摩有过一段情谊。徐志摩的爱是奔放的、热情的，他用诗人的激情向她献上爱慕之心。

但林徽因最终并未选择徐志摩，而是嫁给了梁思成。林徽因的选择是正确的。林徽因与梁思成不仅有感情基础，同时，又有兴趣和专业上的共鸣，他们是志同道合、情投意合的理想伴侣。梁思成的爱不似徐志摩般热烈狂放，而是如涓涓细流，缓慢但悠长。

理性与感性的光芒在林徽因身上交相辉映着，她的才思敏捷空灵，头脑冷静，遇事懂得权衡利弊，因此她的情感历程不像许多同时代的女作家那样多舛，作为女人，她的理性帮她摆脱了女性千百年来的视野局限，她能够放眼世界，用聪慧的头脑吸纳人类文明的种种精华，与人高谈阔论，论道人生。她又不似通常意义上的女强人那样，自命不凡、板着面孔说教，给人一副铁石心肠、麻木不仁的感觉。林徽因坚强而不失温婉，没有咄咄逼人的气势。她对人是体贴、理解和尊重的，用“善解人意”一词来形容她再合适不过了。

林徽因是深度与弧度相结合的女人，是感性与理性收放自如的女性，生活中，有多少女人能够做到？

很多女性不是太感性就是太理性。太感性的女人容易感情用事，不该爱的男人你越阻止她越锲而不舍，结果烈火焚心、痛不欲生；又或者想到什么就立马着手干什么，大张旗鼓、盲目冲动，到最后，满腔热血付诸东流，梦想与现实南辕北辙。太过理性的女人淡漠如寒冰，别人的生老病死不关她的事，别人的爱恨离别根本不入她的眼，你若说她冷血，她振振有词地白你一眼：“生老病死本是人之常情，何必为此悲悲戚戚！”

女人，只有理性的深度和只有感性的弧度都不完美，只有感性与理性交相辉映，才是饱满圆融、生动真实的女人。

谁都可以成为不老的“美人”

每个女人都不想让岁月在自己的身体上留下痕迹，希望自己能够留住时光的脚步，让美丽驻足。

那么，怎样才能修炼成“美人”呢？

1. 不再与“大饼脸”为伍

一张脸是否漂亮对女孩的形象有着重大的影响。脸蛋儿的魅力会为我们的整体吸引力加分，一旦我们不幸被称为“大脸猫”“大脸妹”，那么美丽就要打折了。

为了甩掉“大饼脸”的外号，还是试试下面这些对我们有帮助的方法吧。

（1）进食时慢慢咀嚼食物，以锻炼脸部肌肉。

（2）用温水、冷水交替洗脸，促进血液循环及新陈代谢。

（3）适当喝咖啡以帮助排出多余水分。

（4）改变用高枕睡觉的习惯。

（5）避免太夸张或面无表情的讲话方式。

（6）定期保养肌肤，防止皮肤因为失去弹性而松弛。

为了增加自己的魅力指数，请坚持做以上的这些动作，从此不再与“大饼脸”为伍，让自己也能成为一个漂亮的小脸佳人。

2. 小“腹”婆变成小“腰”精

中国自古以来就推崇女性的细腰美，细腰美人走路时的婀娜多姿，确有一种阴柔的女性美。于是，如何拥有纤细腰肢成为众多女性的日常功课之一。

（1）细腰操

平躺，双腿并拢向上伸直（运用腰腹部的力量）。

背和臂部也同时向上挺直（离开接触面）。

慢慢放落，速度一定要慢。

重复进行 5 ~ 10 次，也可根据自己的体能多做几次。

（2）消除小腹赘肉的运动操

仰躺，臀部紧缩，两脚分开与腰同宽。

两脚尖向内侧靠拢，双手枕在脑后。

边吐气，双腿边往上抬至离地 5 厘米高，伸展跟腱。两手支撑着头部往上抬，伸展颈部。充分伸展之后，吸气、憋住，直到憋不住时，恢复原来姿势，重复做 10 次。

3. 热辣翘臀很简单

我们总羡慕那些穿着合身牛仔裤，能凸显出翘翘臀部的女孩，但是，光艳羡还远远不够，快来看做什么动作对塑臀有益吧。

锻炼臀中肌，即臀上部肌肉，能够塑造出漂亮的圆形臀部。而锻炼臀大肌则是针对臀部后侧的大部分肌肉，可以塑造出臀部侧面的圆窝。多做踢腿运动，可以把两部分肌肉都锻炼到，还能够帮助加强稳定性和协调性。每周做 2 ~ 3 次，加上 4 ~ 5 次有氧运动（45 分钟 1 次），4 周之后，你就可以拥有完美的臀线了。

除去上述的美臀方法外，简单的按摩也是快速美臀的捷径。持之以恒地按摩承扶穴、涌泉穴，臀部自然会浑圆优美。

4. 从此告别大象腿

对每个女孩来讲，决定形体美的重要因素之一是腿，它的形象总不能让我们满意。粗壮的大腿脂肪过多，很是难减，怎么办？

（1）以双腿为主的锻炼

如果你把目标定在粗胖的大腿上，最好还是选择一种以锻炼双腿为主的运动。锻炼大腿和臀部肌肉的最佳运动是步行、骑自行车（包括在室内骑健身车）、越野滑雪、爬楼梯。

（2）步行与跑步方法

以步行为主，途中进行几次短距离跑步，每次跑一两百米，习惯后，逐渐将跑步的时间延长。

（3）游泳

水的阻力会使双腿活动比较费力，却不会像在地面上跑步那样承受较大的震荡，因此是减去腿部和臀部脂肪的好方法。

5.“太平公主”也要抬头挺胸

有句经典的广告词——做女人“挺”好，所以我们要及时地摘掉“太平公主”的大帽子，做个丰胸美人。

（1）体操法

伸直背部肌肉并且抬头挺胸，双手合十置于胸前，这时彻底撑开肘部，双肩不要摆动，要平心静气；始终让胸部保持用力的状态，同时在手心上用力，相互推压，缓慢地向左右移动。当手到达中心位置时，吸气，左右交替动作 10 ~ 20 次。

（2）沐浴法

将水温调到40℃左右，不能太热，否则会使皮肤松弛。用莲蓬头对乳房由下往上冲，水流可以强一些，左右交替各1分钟，或水开小些，以圆形运动方向按摩乳房周围。

（3）按摩胸部法

由下往上、由内往外将乳房往上提升，以双手的手温及适当的力度交替来回按摩双乳约2分钟。可以使用美胸的产品或是身体按摩油，滋润胸部的肌肤及增加弹性，强化“天然胸罩”部分，上下按摩约2分钟，让产品完全被肌肤吸收。

给自己一点颜色看看

世界因为色彩而美丽，无论是自然界各种事物，还是人类社会，都是由斑斓的色彩构成的，女人的美丽也是通过色彩展现出来的。

作为美丽的代言人，色彩对于女人而言，作用之大是不言而喻的。如何巧妙地利用色彩来装扮自己，使自己更富魅力？这是每个聪明女孩必须研究的课题。

每个女人都有自己独特的色彩，这种色彩与她们各自具有的特质密不可分，它包括肤色、肤质、发色、形体、个性、气质等诸多要素。恰当地使用色彩可以充分展示女人的魅力，使她们变得更加美丽、动人，反之，会使她们变得庸俗乏味。那么，如何运用好色彩来装扮自己呢?

1. 找出肤色的基调

你是否有过这样的经历，当你穿着一件新买的衣服，满心欢喜地期待着朋友或同事的称赞时，她的反应竟然是："你怎么了?脸色这么难看，是生病了吗?"这句话真叫人扫兴。事后，你可曾想过这是因为衣服的颜色与肤色不配所造成的?每个人的肤色都有一个基调，有的颜色与肤色十分合衬，有的却会影响肤色，使肤色变得暗淡无光。找出适合你的颜色，首先要知道肤色的基调。肤色的基调基本上可分为四种：

（1）白皙皮肤。白皙皮肤的特质在于面颊经太阳一晒便容易发红。拥有这类皮肤的女性是幸运儿，因为大部分颜色都能令白皙的皮肤更靓丽动人，色系当中尤以黄色系与蓝色系最能突出白皙的皮肤，令人显得明艳照人。色调如淡橙红、柠檬黄、苹果绿、紫红、天蓝等明亮色彩都适合。

（2）深褐色皮肤。皮肤色调较深的人适合一些茶褐色系，会令你看来更有个性。墨绿、枣红、咖啡色、金黄色都会使你看起来自然高雅，蓝色系则与你格格不入，最好别穿蓝色系的上衣。

（3）淡黄或偏黄皮肤。皮肤偏黄的人宜穿蓝色调服装，例如淡紫、紫蓝等色彩，能令面容肤色看起来更白皙。但强烈的黄色系如褐色、橘红等最好不穿，以免令面色显得更加暗黄无光彩。

（4）健康小麦色。拥有这种肌肤色调的女性给人健康活泼的感觉，黑白这种强烈对比的搭配与她们出奇合衬，深蓝、炭灰等沉实的色调，以及桃红、深红、翠绿这些鲜艳色彩最能突出开朗个性。

2. 选择适合自己的最佳颜色

颜色没有好坏之分，只有对或不对之分，关键就在“穿对颜色”和“整体搭配”。穿着正确的颜色可以让你显得年轻许多，并且让你更靓丽。

你的发色、皮肤颜色等决定最适合你的颜色。在自然光下观察你皮肤的颜色，然后决定你是冷色调皮肤还是暖色调皮肤。冷色调皮肤的人适合穿蓝色系，暖色调皮肤的人穿黄色系最好看。

如果你的皮肤属暖色调，而你又喜欢穿红色的话，那么请选择砖红、深番茄红或橘红色。

3. 利用补色和配色，打造自身的独特色彩

每一种颜色都有其自身的内涵，每一组色系都有其巧妙的组合，每一个女人都有属于其自身格调的独特色彩。

要想学会巧妙利用深浅色系来搭配服饰，你需要了解一些色彩调和的补色与配色方面的技巧。

补色关系是指每一色相与相对色相之间的关系。灵活运用补色关系是色彩搭配成功的要点。一般人只需记住五大色相的基本补色关系，即红色的补色是蓝绿、蓝色的补色是黄红、绿色的补色是紫红、黄色的补色是蓝紫、紫色的补色是黄绿。根据上述配色原则给服装配色，就能避免色彩不协调的问题。

有些女人喜爱紫色，但不想以一身纯紫色来打扮，那么可以首先分解一下紫色。紫色是由蓝色与红色混合而成的，因此，可以选择一条蓝绿色的裙子，配上紫红色的上衣，二者颜色虽然比较强烈，但因其混合色是紫色，故仍能给人以高雅的感觉。如果用接近白色的浅紫色来搭配紫红色上衣，则可显出一种柔和别致的格调。两种颜色配置的比例不同，也会形成特殊的补色效果。一位豆蔻年华的少女，穿一件蓝上装，配条橙色或黄色的裙子，会在整体上给人以青春活泼的感觉。如果在浅褐色的套装上，配上深褐色的皮带、皮鞋及帽子，可使服装看起来具有活力。

你也可以利用同色强调对比方式配色。如果你穿一件灰黑色

的套装，为了避免显得太老气，可用一条接近白色的浅灰色裙子来搭配，这种同色强弱对比方式的配合，无论何种年龄，均可产生轻快明朗的生动感。

颜色还具有矫正身材的作用，如墨色能使臀部和大腿粗胖的人看起来更苗条，横条纹可以使瘦削的人显得略为丰满。

聪明女孩只要巧妙地运用服装色彩，便可以扬长避短，表现自己的“美点”，掩盖缺点。

没有香车宝马，照样可以修炼出高贵的气质

卓尔不群的气质能够让人焕发出迷人的魅力，女人要细心地培养自己的气质。气质绝不是穿金戴银、啜几口上好咖啡、开一辆宝马或出入几趟五星级酒店就能拥有的，它是女性内在修养的体现。

有一位优雅的女士在她的回忆录中这样写道：

“我小的时候在困窘的环境中成长，但是，母亲从来都把我们的生活安排得井井有条。日子被母亲过得每天都那么有滋有味。她给我们做的白衬衫、白边鞋、粗布衣服是最整洁的。而且，在家里的桌子上永远铺着一块十分干净的格子图案的桌布，上面的老式琉璃雕花瓶总是被擦得晶莹剔透，里面插着的花都是从后山

上刚捕的花，花几乎天天换，从没有过丝毫枯萎的迹象。她让我们在艰辛中明白什么是整洁与有序，让我们知道粗劣的土地上一样可以长出美丽的花。她经常说的话是：‘生活可以简陋，但却不可以粗糙。’”

是的，生活可以简陋，但却不可以粗糙。一个注意培养自己气质的人，一定会修炼一颗精致的心。在日常生活中，点点滴滴都值得我们细细去品味，去咀嚼，去用心经营。

这种生活中点点滴滴的精致，融入一个人的血液、生命、言行中，就形成高洁的品位，就显出非凡的涵养，就透出慑人的高贵。这种精致的生活只在于我们的心灵和习惯，而不在于环境的优劣。这种精致的生活越是出自粗劣的环境，它所培养出的一个人的风骨就越震慑人，这个人也就更是有了脱离粗劣环境的力量。

气质是魅力的体现。它虽然有先天的因素，但主要还是靠后天的修炼。高贵的气质不是一朝一夕就能够修炼成的。当时间的狂风吹走无数的秕壳后，留在原地的最实在的种子就是素养。

在生活中，有些人长得并不漂亮，但她们给人的印象总是神采飞扬，举手投足间似乎

有一股气韵在流动，这就是所谓的气质。一位气质优雅的女人能把一件普通得不能再普通的衣服穿出千种风情。气质，不是表面功夫，而是靠多方面修炼培植起来的。修炼气质，就必须提高我们的文化修养、丰富我们的文化内涵，而唯有书香熏陶出来的优雅和从容才是高雅的体现。

那么，女人如何修炼自己的气质魅力呢？

1. 装扮得体、举止大方

不可能每个女人都拥有美貌。如果你的长相并不十分出众，那你就要懂得怎么改变自己，弥补自己的先天不足，通过服装、发型、化妆等把自己装扮得体，显示出你特有的魅力。在言谈举止中要落落大方，既有女性的温柔，又有高雅的气质。

2. 富有同情心

有气质的女人都有一份同情心，对弱者或是受到委屈的人们总会表示出由衷的同情，并理解他们，给他们以适当的安慰和帮助。

3. 心地善良、宽容待人

善良是女人的天性。假如你有一颗善良的心，并且待人宽厚，从不苛求他人，而且经常帮助一些老人、小孩，那么，即使你不是很漂亮，但在这个物欲横流的世界里，你的不俗的精神气质依然会让人心动。

4. 健康、开朗、乐观

身体是生活的本钱，只有健康才能让自己活力四射，趋于完美。优雅的女人开朗乐观，遇到挫折时敢于认真面对，用女性特有的韧性在克服困难的过程中寻求属于自己的幸福。

5. 有理想和自信

有气质的女人对未来有着崇高的理想，她们追求事业上的成功，用充满自信的目光看待每一件事、每一个人。男人就欣赏这种乐观自信的女人。一个男人若能与一个不只满足于衣食之安的女人共度人生，生活就永远不会陈旧，人生也不会走向退化。

6. 兴趣广泛

有气质的女人有着广泛的兴趣爱好，并能持之以恒。

女人想要在事业上获得成功，想要博得众人的好感，想要离幸福更近一些，就要培养自己的气质，让自己做一个气质美女。

掌握穿衣要诀，你也可以成为“百变明星”

女人爱美是天性，世界因为有了这些漂亮的女人而更加绚丽可爱，在这个时尚、开放的年代，女人的着装不仅仅是为了取悦男人，还是显示身份、维护尊严的方式。而现代女人已不再信奉“女为悦己者容”了。

女人的着装以整洁美观、稳重大方、协调高雅为总原则，服饰色彩、款式、大小讲究与自身的年龄、气质、肤色、体态和发型相协调；品位上要有效地彰显自身的气质与涵养，讲究与所处场合相匹配。具体地讲，就是必须掌握穿衣的四大要诀：应己、应事、应时、应景。

1. 应己着装

所谓应己，即要求在选择着装时要因人而异，使所穿服装与自己的身体条件相适应。

女性根据自己的身体条件选择服装，才能扬长避短，充分展示个人的最佳形象。具体而言，应己原则应围绕性别、年龄、肤色、形体这四大身体条件展开。

（1）性别。男着男装，女着女装，这是人人都应具有的基本常识。然而服装的中性化趋势日益明显，许多服装不分男女，已成为男女的共同选择。更有一部分人崇尚男服女穿、女服男穿，俨然成为一种时尚。然而对于力求着装保守、规范的女性来说，

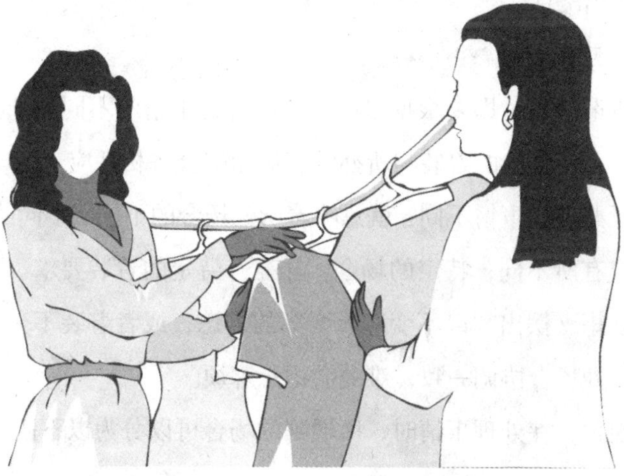

是绝对不能追随这一趋势与潮流的。尤其在涉外交往中，更不能误认为这是外国时尚而“投其所好”。

（2）年龄。不同的年龄对着装有不同的要求。在选择着装时，务必要考虑到自己的年龄因素，使自己的着装与年龄相符。否则，便会不合时宜，贻笑大方。

（3）肤色。所着服装颜色还应与自己的肤色相协调。尽管绝大多数中国人都是黄皮肤，但具体到个人来讲，肤色是同中有异的，因而对服装颜色也有着不同的要求。例如，肤色白净者，适合穿各色服装；肤色偏黑或发红者，忌穿深色服装；肤色发黄或苍白者，宜穿浅色服装，等等。

（4）体形。人有高矮胖瘦之分，具体到身体各部分还有标准与不标准之别，这就是个人形体条件的差异。不同的形体条件应当选择不同的着装。女性如果不注意自己的体形而乱穿衣，显然会闹出笑话。

2. 应事着装

所谓应事，即要根据自己所要办理的事情的不同而选择不同的着装，使自己的着装与所办的事情相配合、相呼应。

所办理的事情不同，就意味着所处场合的不同。不同的场合，着装应有所不同；特定的场合，往往有特定的着装要求。不遵循这个规矩，摆出“以不变应万变”的姿态，或者着装不分场合，不与所处场合协调一致，难免会招惹麻烦。

通常，在处理事情时，所遇到的场合可以分为以下四种：

（1）普通场合。主要是指在办公室工作或是外出处理一般类型的公务之时。在这种场合，着装应当符合本公司、本部门的规定，在总体上做到正规、文明、干净、整洁。

（2）庄重场合。主要指参加庆典、会议、盛宴、谈判、外事等庄严、隆重的活动。在这种场合的着装应力求庄重、高雅、严肃。在国外，按照礼仪规范，在这种场合应着礼服。

（3）喜庆场合。通常指参加联欢会、舞会或游园会，参加婚礼、生日、节日或纪念日的庆祝活动，等等。这类场合大都充满热烈、喜悦、欢乐的气氛，因此着装应定位于时尚、潇洒、鲜艳、明快之上。但切勿做得过头，不可显得过于引人注目。

（4）悲伤场合。一般包括出席葬礼、向遗体告别、祭扫陵墓以及慰问逝者家属等场合。在这些场合，参加者往往心情沉重、悲伤，因此着装务必要素雅、肃穆、严整。如果身着色彩艳丽或是标新立异的服装去参加上述活动，显然是很不得体的，是对逝者及其家属的不敬。

3. 应时着装

着装必须应时。所谓应时，是要求着装必须与穿着的具体时间相吻合，不可不分四季、不分早晚地胡乱着装。

应时着装的原则通常包括以下三层含义：

（1）与早、中、晚变化同步。在每天的上班时间与非上班时间以及在非上班时间的不同时间段，都应有不同的服装选择。

每天早晨散步或进行运动时，可以穿便于活动的运动服；中午在家用餐时，可脱去正装，穿上休闲服，好好放松一下；而在晚上欣赏电视节目或准备休息时，则可换上睡衣睡裙，以求舒适、惬意。

（2）与四季变化同步。在着装的选择上，任何人都必须随着四季的变换和气候的变化做出适当的改变，使着装冬暖夏凉、春秋适宜。

春天可以挑一些粉嫩、有着春天气息的颜色的衣服；夏天可以选择高腰的连衣裙、褶皱的上衣等；秋天可以利用连衣裙和短靴成为别人眼中的焦点；冬天则可以选择较复杂的层次感穿衣法。

（3）与时代变化同步。着装不应与时代脱节，不同的时代有着不同的着装习惯与特征。随着时代的发展，服装也在不断地更新换代、发展变化，自然应顺应时代发展的要求，在着装上体现出时代的特征。

尽管从服装本身的发展规律来看，不时会出现复古或超前的现象，但其主旋律却一直是在大体上与时代前进的步伐保持一致的。

着装固然要遵循“相对保守、朴素大方”的原则，从而给人以稳重可靠、沉着踏实的印象，但这并不意味着要使自己的着装落伍于时代，从而走向另一个极端。

4. 应景着装

所谓应景，是要求在着装时必须考虑到自己即将出场或主要活动的地点，使服装尽量与自己所处的场合保持协调。

在工作时必须身着工作装。穿着制服或西服套裙处理公务，会显得正规而庄重，能令人肃然起敬。如果穿着牛仔服、运动鞋或是网球裙去上班，甚至外出办事，就会给人以不庄重的感觉，是不合适的。女性对这一点尤其应当重视，切不可将新潮、浪漫甚至奇异的户外装束“引进”工作场合。

如果你是高级职员，那就穿得体面些。职位越高，穿着始终与众不同就越显重要；如果你是一般职员，那么不要穿那些不适于工作的业余服装；如果你为自己工作，那么就不要胡乱穿衣，要穿质量过得去的衣服，让自己具有成功者的形象。

留意你的服饰和仪表吧！这并不是叫你穿上最流行、最时髦的衣服，也不是让你保留最摩登的发型，只是要求你穿得使人有整齐、清洁之感，面颊和发型都娴雅、自然、得体就行，至于衣服新旧等问题都是次要的。

一套剪裁得体、质地优良、色彩和谐的服装，再加上恰到好处的饰品，瞬间能塑造出一个风采出众的女人。着装之于女人，犹如绿叶，令国色天香的牡丹更显雍容典雅。掌握穿衣要诀，你也可以是“百变明星”。

“贝蒂”变身“梦露”，一点点性感就足够

当玛丽莲·梦露穿着那条著名的白裙子站在地铁的通风口上，一股自下而上的风将她的裙子吹过头顶——好莱坞历史上最为经典的一刻瞬间定格：全世界的男人都见识到了那双完美的大腿，“性感女神”由此诞生。没有任何一个女人可以从梦露手中抢走“性感女神”的头冠，懒洋洋的金发、前凸后翘的身材、魅惑的美人痣……梦露满足了所有男人对美的憧憬，她任何一个动作都足以让男人们的血管在刹那间爆掉。

性感并非美丽女子的专利，当在美国电视剧《丑女贝蒂》中戴着红色眼镜，箍着牙套的贝蒂一出现时，不仅所有的男性观众惊恐不已，连大多数女性观众也大吃一惊：世上竟有如此丑陋的女子？而走出《丑女贝蒂》的片场，走上英国版杂志《嘉人》(《Marie Claire》)时，贝蒂的扮演者亚美莉卡·弗伦拉却是别样的性感美丽，长长的波浪发，时而冷峻时而迷蒙的眼神，微厚的嘴唇流露出莫名的性感味道，黑色礼服包裹下的身体曲线玲珑，酥胸半露。是又一个梦露诞生了么？谁也难以将这样性感的女人和丑女贝蒂联系在一起。

世界上没有丑女人，只有懒女人。许多女人只知道嫉妒梦露

的性感，在心里抱怨自己像贝蒂一样的外形，难以吸引男人的眼光。其实，你只需要给自己增添一点点性感，就能成功变身“梦露”，发射出巨大的魅力电波，电倒一个又一个男人。美丽，有时候就这么简单，带一点性感就足够。

性感是一种妖娆的气质美。性感之所以是性感，在于它能引发一种性的吸引力。性感是烙在骨子里的，由内而外散发出来的无言诱惑。性感放诸不同的女人身上，会产生不同的味道和意境，女人要懂得如何张扬自己的性感魅力。

俗话说“女为悦己者容”，女人的每一分美丽和性感，都牵动着身边男人的心，更何况性感本身就是每种雌性动物都有的天赋条件。它不需要什么技巧，是女人本性的自然流露。

谁说只有美丽、丰满、野性的女人才性感？真正的性感从来都是耐人寻味的，超越视觉之上，成之于内而形之于外。

女人的性感源于内心的活力和生活的体验，这种活力彰显着女人丰富的内心和灵动的思绪，令男人情不自禁地浮想联翩。

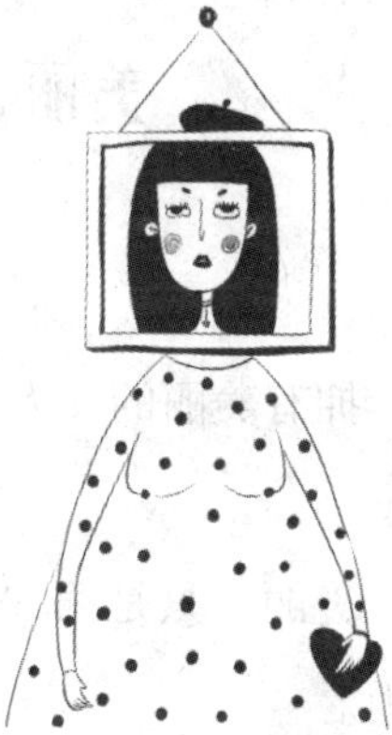

第四章
DISIZHANG

笃定从容，真正的优雅是在内心修篱种菊

美丽，不是女人的全部身家

拥有美丽的女人，比别人多一份资产，但这绝对不是全部的身家。

美丽，只是第一分，后面还有九十九分需要更多的准备和努力。

国外一家大型网站上的金融版上总是有一些很有趣的帖子。有一天，一个年轻貌美的美国姑娘就在上面发了一个询问帖子，主题是“我怎样才能嫁给一个有钱人”，内容如下：

我今年25岁，很漂亮，谈吐优雅，有品位。想嫁给一个年薪50万美元的人。你们也许会觉得我贪心不足，可是，对于你们这些年收入100万美元还算中产阶级的富豪层来说，我这个条件并不过分。

这个版上有年薪超过50万美元的吗？你们有单身的吗？我想请教一个问题：怎样才能嫁个有钱人？我曾经跟人约会过，可是最有钱的也只有年薪25万美元。要想住进纽约市中心的豪华区，这个数字远远不够，所以我诚心来咨询几个问题，希望有好心人能够如实地回答我。

一、有钱的单身汉一般都会在哪里打发闲下来的时间？

二、我把目标定在哪一个年龄层比较好？

三、为什么富豪的妻子都长得相貌平平？我看过一些富豪太太，她们长得并不好看，更没有什么吸引人的地方，可是她们凭什么能够嫁入豪门？

四、富豪们是怎么决定谁能做自己的女朋友，谁能做自己的妻子的？

备注：我是带着结婚的目的来发帖的，希望大家不要以为我只是在开玩笑。

——波尔斯女士

这个帖子引起了很多人的注意，甚至于一些富豪则开始背地里讨论，但是一个华尔街的金融家明确地给予了回复：

亲爱的波尔斯女士：

你的帖子引起了我的极大兴趣，相信很多女性也跟你一样，存在这样的疑问。现在，就让我以一个投资家的身份来回答你的问题吧。我的年薪超过50万美元，所以请你相信我不是在这浪费你的时间。

从一个生意人的角度来看，跟你结婚是一个很糟糕的决策，理由如下：你所说的婚姻是在“财”和“貌”的交易的前提下发生的。甲方提供给乙方漂亮的外表，乙方提供给甲方富裕安定的生活，看似很公平，谁也没有损失。可是，这里有一个致命的问题，你的美貌会消逝，而我的钱财却不会无缘无故地减少。而且，事实是，你可能会因为年纪的关系一年比一年不漂亮，可是我却有可能通过努力一年比一年更有钱。因此从经济学的角度来讲，你是贬值产品，而我是增值产品，两者的交换并不是等价的。再过 5 年甚至 10 年，当你的美貌退步，那么你的价值很令人担心。

在华尔街，一旦价值下跌的产品就要立即抛售，而不宜长期持有，也就是你要的婚姻是不可能成立的。如果人们有这个需求，可以去租赁，但是不会购买。年薪超过 50 万美元的人可不是傻瓜，他们只会选择跟你交往，而不会跟你结婚。

希望我的回答能够让你满意，顺便说一句，如果你对“租赁”有兴趣，可以跟我联系。

——罗波·坎贝尔（J.P. 摩根银行多种产业投资顾问）

这两个帖子的内容堪称经典。这个男人冷静地回答了女士的问题，也很全面地分析了男人的心理。很多女人想嫁给有钱人，在这一方面，年轻的女人表现得尤其强烈。她们对爱情抱有虚荣的想象，希望可以通过婚姻实现自己理想的生活，让自己的后半生无忧无虑，所以嫁给一个“钻石王老五”，是很多年轻女人的梦想。

有一些觉得自己有几分姿色的年轻女人，把“年轻”和“美貌”作为资本，觉得自己的条件并不差，可是，男人并不觉得那是你的本钱。因为他们很清楚，女人的年轻是留不住的，美貌也不过是与青春同在，不可能永远地跟随一个女人。可见美貌并不是女人的全部身家，女人要想过上好日子，唯有靠自己的努力，让自己变成一个有实力的人。因为女人的光鲜就那么几年，以后要拼的是实力而不是脸蛋，只有有实力的女人，才有能力让自己过上理想的生活。

精品女人的三个“本”——“姿本”“知本”、资本

女人都想摇身一变成为精品女人，如何修炼自己才能成为精品女人呢？有人总结了精品女人的三个“本”。

1. 第一个“本”是“姿本”

不知在何时，我们悄然进入了“姿本主义”时代，虽然我不认同把姿色排在第一位，但不可否认的是，如今这个社会以貌取人的现象还是很严重的。其实也可以理解，“爱美之心人皆有之”，我们都喜欢美的东西，无论是男人还是女人。

以貌取人是不对的。但是，实际交往中，我们还是不由自主地倾向于长相好的人，或者说得更具体深入一点就是形象好的人往往大受欢迎。

有这样一个教诲：人在自己的故乡所受的待遇视风度而定，在别的城市则视服饰而定。这是说，一个人的评价在故乡并不受

衣着的影响，因为人们了解他的言行。但一个人如果到了他乡，人们要评价他就得看他的外貌特征、衣饰装束和言谈举止了。可实际上，即使是在自己的故乡，即使你再学富五车，衣衫褴褛的形象也绝对不会博取人们的好感。

好在我们生活在这样一个张扬的时代，美的定义早已多样化，无论你是否天生丽质，都可以把自己打扮得很优雅，所以“没有丑女人，只有懒女人”。多花一点时间保养自己，尽量多地留住青春，是我们每个女性的当务之急！当然光阴是有限的，我们还得去争取另外两个“本”！

2.第二个“本”指的是“知本”

这是三个“本”中唯一一个只要肯努力就可以得来的东西，而且我非常认同这样一个观点——学习是一件终身的事情！上学期间大家读的书都差不多，离开学校之后其实才是真正分出高下的时候。有的人大学毕业后一年都不看一本书，吃的都是以前的老本，总有一天会山穷水尽。而我一直敬佩那些拥有良好读书习惯的人，不论何时何地，读书都是他们一直坚持的事，于是，他们就变成了知识“渊博”的人，他们的人生也更为丰富！

读书以外，“知本”还包括其他的技能，在生活和工作中游刃有余的女人，一定是那些掌握了很多技能和经验的女人，才能在人群中脱颖而出。

吴君如并没有惊艳的美貌，但她的演艺事业长盛不衰，这与她勤奋、敬业、积极学习的态度是绝对分不开的。和同辈女星比较，吴君如似乎得花更长时间才找到属于自己的定位，入行时的运气也好像不是那么顺利。当时正是由新艺城带动的喜剧热潮，加上自己外形的限制，吴君如常常得扮演电影里头被消遣挖苦的角色，如果说周星驰的片子经常丑化女星，那吴君如可要算是第一代的扮丑女艺人。

不管是性感女星，还是玉女，都显示了以男性视角出发，由男人的眼光来决定女人在影坛乃至社会应该或可以扮演的角色。而扮丑却可以挣脱“花瓶”之嫌，锻炼演技，加强自己表现力的厚度和深度。幽默十足的角色更能与观众沟通，拉近了银幕上的距离。当同辈女星都能以美艳动人的姿态出现在银幕上，而自己被调侃时，我们可以想象吴君如内心曾经承受的压力。不过她却毅然接受安排，豁达开怀地扮演了大家心目中不美的角色，精湛的演出，同样让观众接受了她。

2003 年，吴君如凭借《金鸡》摘得金马影后的桂冠，再次证明了她的选择是正确的。《金鸡》是一部笑中有泪的香港奋斗史，用幽默搞笑的情节表达厚重的内涵，引起了无数人强烈的共鸣。

3. 第三个“本”则是资本

都说新世纪的新女性要独立，而独立女性的第一条标准就是经济要独立。

以前听朋友说过，20岁的女人要漂亮；30岁的女人要聪明；40岁的女人要有钱，这样才比较理想！我倒觉得，无论哪个年龄，只要你的钱财是通过自己的努力得来的，那当然是多多益善，就像俗语说的，“谁有都不如自己有”，唯有自己的腰包鼓了，心里才更踏实！所以，挣钱要趁年轻。

很多女人寄希望于寻找一张“长期饭票”，把自己的一生都依附于男人的身上，乍看之下不失为一劳永逸的方法。但是寻找“长期饭票”也要承担风险，不仅要考虑饭票的“有效期限”，还要承担靠外表拴住男人的“折旧”风险。当婚姻破碎时，金钱纠纷很容易使男女双方恶语相向，而受害的一方，往往就是没有经济能力的女性。女人有钱，不只是为了追求享乐，而是要确立为自己做主的权利。

“姿本”“知本”和资本，这就是成就精品女人的三个“本”，倘若做到了这三方面，那么，你一定是一个成功而幸福的女人！

品位是时间打不败的美丽

每个女人都渴望成为一个有品位的人，因为真正的品位，会使终日蒙尘的生活闪闪发亮。执着于品位的女人是热爱生活的人，追寻有品位生活的女人，绝对是优雅与别致的女人。我们从来不会吝啬把“美女”的头衔给一个女人，而我们却很少夸一个女人有品位。

高品位是有内涵的外在表现。因为一个人的品位，是与其环境、经历、修养、知识分不开的。只有有意识地培养良好的修养，积累丰富的知识，才能有充实的内心世界，才能表现出高尚的思想和高雅的品位。有品位的女人是善良、机智的，又是成熟的；而且知识广博丰富，思想深刻充实，谈吐文雅大方，衣着雅致得体。女人可以容忍男人有种种缺点，却不会容忍男人无所事事。反之亦然，男人可以容忍女人没有工作，没有收入，没有好的家世相貌，但绝不会容忍一个不学无术的女人作为自己的另一半。

而且，不学无术的女人会失去自身的魅力，更谈不上品位二字。一个只会注重着装打扮的女人是浅薄的，内心是空虚的，底蕴是单薄的。想要依靠男人的女人是脆弱的，她失去了自我，成为别人手中的玩偶，命运之线也就操控在别人的手中。真正有品位的女人，绝对不会让自己陷入这样的境地。

凌菲菲是一家知名房地产集团的副总裁，几年前，她到一个破产拍卖的机械厂考察。这里到处是散布的大树和杂草，还有一些废旧的机械和厂房。在别人眼里，这块地方改造难度太大。但凌菲菲决定把这个破旧的花园式工厂彻底改造成一个低密度、高品质、50%原生态绿化覆盖率的大型艺术生态居住小区。

她请了12名国内外知名艺术家以工厂原有的机器设备、生产的产品零部件为原料开始创作，那些原先看起来毫无用途的破旧厂房和废旧机器竟然成了园区的点睛之笔。为了保护分散生长的树木，她邀请来美国某知名大学景观设计系主任做技术指导，再请来园林工人，将这些大树进行全冠移植。造房挖出的土，也被她像宝贝一样保存起来，而且还专门安排了两个人每天浇水。土里有很多珍贵的树种和草籽，可以让新建小区充满自然的野趣。不久，小山一样的土堆已经长满了不知名的野花和狗尾巴草。

这就是凌菲菲的品位。她不会跟风去做什么“欧式风”“小镇系列”等楼市概念，而是在复杂细节中融合历史文化和现代技术，使自己的房子既有极高的品质，也凸现出大气的现代风格。这个生态小区一经推出就引发了购房热潮。凌菲菲的事业获得了巨大的成功。

从凌菲菲的故事中，我们可以得到，女人的品位其实是与她的博学程度相联系的。所以，不要做一个除了基本生活技能外什么都不知道的女人，多懂一些知识，就会多一些品位，让自己成为一个成功的女人。

人们常说，做人要有气质，做事要有风格。作为一个女人，也要有自己的特色。纯真的气质洋溢着女性深邃的内涵，高雅的风采闪烁着赏心悦目的亮光，这就是“女人的品位”。就像凌菲菲以独到的品位创造了自己事业的辉煌。

有品位的女人会用自己的眼睛发现身边的美，并用心去感受它。其实品位的培养并不复杂，每一个注重细节打造的女人，都有机会成为品位女人。一瓶花、一杯茶、一首歌……都可以在无形中烘托出一个品味女人。

插花是有品味的女人的一堂必修课。把大自然的绿色和鲜花带回家，通过自己动手和布置，可以调剂生活、陶冶情操。在安静的房间里，让自己平静，看着摊开一桌的香艳花草，赏心悦目，可以为平凡的都市生活增加典雅的意味。

音乐是有品位的女人应具备的艺术素养。在假日悠闲的午后，沏一壶绿茶，闭上眼睛，走入音乐的世界。想象自己正漫步在斜阳下的山坡上，沐浴着清香的微风；或是静坐在斜阳西照的花园里，回想往事……经典音乐，使女人如醍醐灌顶，一切烦躁都变得云淡风轻。

茶道让有品位的女人心灵更安静。好茶一壶，能让女人的心更加宁静，散发柔美内涵和女人独有的味道。在闲暇之余，还会领悟到其他的一些东西。闲暇之余，泡一壶好茶，约二三知己，一盏香茗，促膝清谈，只谈风月，无关名利，享受这滚滚红尘里片刻的柔软时光。

读书让有品位的女人更充实。腹有诗书的女人，好比一坛尘封已久的女儿红，打开来，香气扑面而来，令人迷醉。经典的书籍能让你洞察世事的通透。你的文字使你与众不同，在你的身上呈现出一种高雅，一种“可远观而不可亵玩”的清冽。腹有诗书的女人，历久弥新，回味悠长。

厨艺让有品位的女人更幸福。系上漂亮围裙，挽起缕缕长发，走进清淡雅致的厨房，切丝削片，快炒慢炖之间打点出曼妙美味，或是煲一锅好汤，与心爱的人一起分享，又何尝不是女人的另一种韵味呢？为了爱，倾尽手艺，烧一桌好菜，更能使女人赢尽爱人的心。

装扮让品位女人更美丽。可可·香奈尔“永远要以最得体的打扮出门，因为，也许就在你转弯的墙角，你会遇到今生至爱的人”。这可以理解为女人装扮的最高境界：不能放过每个细节，一秒钟都不能懈怠。装扮是女人的第二语言，哪怕不交谈，它也一目了然地告诉别人，你的职业、品位、个人气质和文化层次。所以，即使是周末的午后，在阳台的躺椅上小憩，也要穿上最雅致的便服。

旅行让有品位的女人更悠闲。对于女人来说，旅行是漫无目的地行走，直到遇到好风景、好人情，再也迈不开步伐。女人的旅行也许没有计划，没有日程，走到哪里都是欣喜。在日复一日的工作里，也要懂得放下手头的文件，走出去，享受艳阳天，晾晒自己发霉潮湿的心情。在山野的风里自在地呼吸，你会发现世界的美丽。

女人的品位，是时间打不败的美丽。

才女请打扮，美女请充电

女人，有了美貌无疑便有了涉世的筹码，骄傲的资本。但在现代社会里，比美貌更动人的是美德与才气。当美丽可以大量复制后，才华更显得珍贵。

著名节目主持人杨澜曾说过，从没有人说她长得漂亮，她自认为长得很一般，但她从未因为无“花容月貌”而难过，反而觉得长相一般的女人更容易在其他方面努力。因为知道自己不管如何打扮都不可能光芒四射，那只好多看几本书，多做些别的事了。

杨澜曾说：“我想‘漂亮’一般光是指外貌，女性美的表现在于一种母性，不管她是不是做妈妈。另外，我觉得女人的美丽更主要是在思想方面。我曾经问过许多大导演：‘你们整天生活在美女堆里，是不是老要动感情？’他们就说：‘没有，许多女人只有漂亮的脸蛋，根本没法触动我们。’所以，一个女人的思想很重要，如果跟不上时代，总以为搽脂抹粉就可以留住男人的心，我觉得那是一种妄想。只有在思想上不断挑战他，才会给男人一种新鲜感和刺激感，这非常重要。”

杨澜从来没有接触影视剧的打算，尽管许多的导演都找过她。她的矜持让她无法接受这个行当。“我没法接受是因为很难有一部戏不让女主角与别人拥抱或接吻。”严肃而深刻的思想使得她与那些人无法亲密接触。优秀的女人还应当是追求完美人生的女人。杨澜有一种不变的观点，事业对她很重要，但完整的人生更重要。“所以我会选择在适当的时候结婚、生孩子。人生对我是全方位的，不是只有事业这一方面。”

“踏破铁鞋无觅处，得来全不费工夫。”往往越是我们不看中的东西，得到却很容易。杨澜一直不想当选什么美女，但她的照片上了一家杂志的封面，并被称之为“21世纪最美的亚洲美女”。对于这件事情，杨澜这样分析：

我觉得漂亮这个事绝对是一个很相对的、很个人化的一种观点，这好像是命运在开玩笑一样，就是这么一种很普通的感觉。人的长相是父母给的，还是要自己喜欢自己。但是有一个说法，我觉得挺喜欢的，它说，女人30岁以前的相貌是父母给的，30岁以后的相貌是自己给的。我觉得这个话要这么理解，就是说你所积累的你的个性你的气质、你所受的教育背景可能会在你的青春高峰过了以后，越来越显现出来。也有一个说法，你如果要去看一个女人美不美，应该看她在50岁的时候是什么样子。那个时候，是她一辈子修行的结果。那我希望我到50岁的时候是一个漂亮的老太太。

众所周知，美貌是会随岁月的流逝而消逝的，而才情则是永存的。聪明机智的头脑和学而不倦的热情，才是真正的无价之宝。

女人的美有两种最基本的划分，一种是外在的形貌美，一种是内在的心灵美。

外在美的女人是自身美的凝聚和显现，它既能给自身以极大的心理满足和心理享受，又能给他人以视觉上的美感，使人赏心悦目。追求外在的形貌美，是女人的本能天性，不应加以禁锢和压抑，而应该从美学上加以积极引导。

内在的心灵美可以给人留下难以磨灭的印象。内在美驾驭着外在美，是女人美丽的源泉。正因为有了内在美的存在，女人才能真正成为完美的女人，才能让人产生由衷的美感。所以说，内在美比外在美更具有无可比拟的深度与广度。

林清玄在《生命的化妆》一文中说女人化妆有三个层次。其中第二层次的化妆是改变本质，让一个女人改变生活方式、睡眠充足、注意运动和营养，多读书、多欣赏艺术作品、多思考，可以让女人对生活保持乐观的心态。因为独特的气质与修养才是女人永远美丽的根本所在。

张爱玲尽管貌不惊人，但她那弥漫着旧上海阴郁风情的文章以及她本人非同寻常的爱情故事，使当代人对她的回忆像一坛搁了多年的老酒，越品越香醇。李碧华曾评价她说："文坛寂寞得恐怖，只出一位这样的女子。"

女人可以不美丽，但不能没有才情。唯有才情能重塑美丽，才情能使美丽长驻，能使美丽有质的内涵。人的追求不完全来自外貌，它主要来自人的内在力量。漂亮自然值得庆幸，但光有好的外表，却没有内在的才情，漂亮的脸蛋就如同纸花一般没有生气。而现在，由于媒体和广告铺天盖地地宣传，很多年轻的女人远离了琴棋书画的滋养，且过分注重外表的修饰和打扮，她们的衣服脸蛋越来越精致，但心灵却越来越贫瘠。当她们越来越流连于外在的"雕塑"时，她们是否还能明白这个世界还有一种比外表更让人眷念、怀念的美——才情之美。

一代佳人林黛玉的扮演者陈晓旭已不幸香消玉殒，芳魂远逝，她诗意迷蒙的眼神、多愁善感的才思却深深地烙在了人们的心头。人们爱怜她纯净高洁的心灵，珍视她带给世间的一笑一颦；人们悲痛她的离别，但也永远怀念她的凄美。她虽然过早地离开我们，但在我们心中，她会一直跟随我们走下去，而且她不会衰老，她永远都是《红楼梦》中那个秀丽柔美的林妹妹。与她类似的还有翁美玲、梅艳芳、费雯丽、奥黛丽·赫本等一大批历久弥香的美丽女人。你或许会说她们本就秀色可餐，但生活中像她们一样漂亮迷人的女人并不少见，尤其是娱乐圈更是美女如云，她们之所以能从芸芸众生之中脱颖而出，成为人们心目中经典永恒的人物形象，关键还在于她们过人的才华和细腻空灵的情思。

固然，丽质天成是一种难得的优势，但光有外在没有内涵，看得太久也会“审美疲劳”。这就好比一部电视剧，人们宁愿欣赏诠释角色到位但外表不够美的演员，也比忍受“矫揉造作”的美女要强。

总之，对于女人来说，拥有才情是至关重要的。30 岁前的相貌是天生的，30 岁后的相貌是后天培养的。你所经历的一切，将毫无保留地写在脸上，每天智慧一点点，你为自己做的便是不断地滋润。红颜易逝，但才情可以永存。

女人的知性美源于书香

北宋著名书法家黄庭坚曾经说过：“人不读书，一日则尘俗其间，二日则照镜面目可憎，三日则对人言语无味。”

男人女人固然都需要读书来充实自己的精神，尤其是女人。人们都欣赏优美灵慧的女人，而读书能帮助女人们培养优雅的气质。

有人说：“书，是女人最好的饰品。”

总会有一些经典书目历久弥香，有些书是优质女人不得不读的珍宝，在这里就为大家推荐几本好书，这些优秀的书籍就像是好的朋友、好的老师。在浮华的世界中，打开这些书籍，投入多彩的书中世界，你的心灵将得到最大的滋养。

1.《简·爱》

这是一部以爱情为主题的小说，女主人公简·爱是一个生活在社会底层、受尽磨难却不甘忍受社会压迫、勇于追求个人幸福的女性。她那倔强的性格和勇于追求平等幸福的精神很值得现代女性学习。

简·爱认为爱情应该建立在精神平等的基础上，而不应取决于社会地位、财富和外貌，只有男女双方彼此真正相爱，才能得到真正的幸福，她的爱情观体现了她的倔强性格。简·爱以对爱情执着追求的精神为现代女性树立了良好的榜样。有人说，爱人者是强者。为了追求自己的幸福，现代女性应好好阅读《简·爱》这部世界名著，做一个爱情的强者。

2.《飘》

《飘》的女主人公也是一位坚强、具有执着精神的女性，所以这部名著也是女性应该读的，在这部书里，作者玛格丽特·米切尔会教你如何做一个成功的女人。这里没有中美差异，郝思嘉能够做到的，你也能够做到。坚强、独立、积极，是现代女性的必备素质。即现代女性要学习的是郝思嘉那种坚强风范，永不放弃，敢于直面现实，与残酷的现实抗争。从某种意义上说，这个世界男人的优势还是明显的，而女性要想在这个世界中做个坚强、成功的女人就更应该好好读一读《飘》。

3.《红楼梦》

一个女人如果没读过《红楼梦》的话，简直不可思议。理由很简单，只有看过《红楼梦》，才会明白原来女人是如此哀婉动人，如此仪态万千，如此楚楚可怜，如此冰雪聪明……

豪迈如史湘云，也有醉卧芍药的娇憨；聪慧如薛宝钗，也有花间扑蝶的稚气；也唯有幽怨如林黛玉，才有掩埋落花的闲情。《红楼梦》让读者真正看到女人的精彩，领略什么是水做的女人的深刻含义。即使势利狠毒如王熙凤，她的善于交际、果断坚决、处变不惊还是值得今天的女性学习的。

4.《第二性——女人》

有史以来讨论女人的最健全、最理智、最充满智慧的书。

5.《情人》《世界上最疼我的那个人去了》

这两本书将向你展现出女人爱做梦的本性，以至于达到不顾一切的疯狂地步。

6.《流动的圣诞节》

通过此书，你就会知道为什么小资女人们大多都向往巴黎的生活。

7.《喜宝》

这本书将让你知道，再美丽、聪明、练达的女子也逃不过命运的潮起潮落，每个人都要好好把握现在。

比漂亮女人聪明，比聪明女人漂亮

美国哥伦比亚一家公司曾经对办公室女郎的外表做过一项调查，结果显示美女很容易找到办公室文职这样的工作，她们的起薪水平高于其他相貌平平的女子，但是她们很难进入更高层的领域。因为这些领域对能力的要求要明显高于对外表的要求。《杜拉拉升职记》中，海伦就是这样一位外表出众的漂亮女郎，而她在公司的定位仅仅局限在秘书这个职位，而相貌平平的拉拉却凭借聪明的头脑和热情的干劲，在公司步步高升。

海伦和拉拉的经历告诉我们，出众的外表的确能给人带来很多优势，但外表只是“开场白”，它可以成为敲门砖，却不是成功的保证。

不够漂亮就会错失机会，但只有漂亮也是万万不行的。只有兼具了美丽与能力，才能让自己耀眼。

只在某一方面突出并不能称之为优势，强大的综合实力才能让你胜人一筹。就好比木桶原理，最高的那一节木桶再高，水最多还是只能盛到最低的那一节木桶。所以，单有美丽的外表或者聪明的大脑不会保证你脱颖而出，但如果你既聪明又漂亮，还会有谁注意不到你呢？

英国伦敦大学一位系主任在谈到一位女讲师时，说：“她应聘本系讲师职位时，从她一进门，我就感到她是我所渴望的人。她身上有着某种气质，把她那庄重的外表衬托得越发迷人。只有有高度素养、可信、正直、勤奋的人才有这样的光芒。面试第一分钟我就定下了人选，30分钟之后，我就让她第二天来系里报到。她没有让我失望，现在她已是最优秀的讲师。”

在众多的竞争者中，女讲师为什么散发出这种气质，系主任说得似乎很玄乎，但聪明人一眼就看得出来，因为她既有过硬的专业实力，又有极富吸引力的外表。这两项优点叠加起来与其他竞争者相比较就显得格外突出。系主任还有什么理由不选择她呢？

这个时代里，美女太多，有能力的女性也不少。如何在她们中间显露自己，女性朋友不妨想着从提高自己的“综合素质”入手，这里的“综合素质”就包括内在和外在两部分。外在就像你的硬件条件，你要修饰好你的面容、保持良好的身材、选择得体的穿着，并且要保持优雅的举手投足。而内在就像你的软件条件，你要积累丰富的学识、懂得为人处世的原则、修炼自己的品性，这样内外兼备的你才是最完美的。

要相信聪明的女人都不如你漂亮，漂亮的女人都不如你聪明，这样完美的你走到哪里都是最抢眼的风景线。

让自己“畅销”要靠气质“商标”

对女人而言，气质是一种永恒的魅力，气质不是靠外貌就能获得，而是要拥有丰富的智慧与常识。拥有傲人的气度与素质，需要的是全方位的修养和岁月的沉淀。气质像一抹梦中的花影，像一缕生命的暗香，渗透进女人的骨髓与生命之中，让她们在面对岁月的无情流逝时，仍然能够拥有一份灵秀和聪慧、一份从容和淡泊。漂亮的女性总能给周围的人留下良好的第一印象，使众人愿意接近她、与她交往。但先天条件出众的女性毕竟是少数，大部分女人还是长相一般。但如果你不自弃，反而格外努力，在工作、生活以及其他各种活动中显得朝气蓬勃，精力充沛，分外引人注目，那么可能你的魅力会更加超凡脱俗、不同凡响。曾经有这么一个故事：

一位美国中年主妇觉察到自己的丈夫经常在家里夸奖他的女助手，她心里有些疑心。于是开始每天描眉画眼、梳妆打扮，甚至不惜花了一大笔钱去做美容手术。谁知她丈夫对她的精心装扮却视若无睹，仍旧每天大谈特谈他的那位女助手。妻子沉不住气了，试探着开始打听女助手的背景。丈夫于是邀请妻子一同去探望那位女助手。一见之下，妻子大为吃惊，女助手既不年轻也不漂亮，而是一位头发已经开始花白的、身材已经发福的普通妇人。但她在言谈举止中分明透露出她的聪慧、自信、乐观和机智，周围的人无不受到她的感染，甚至这位妻子也抵抗不了她的魅力，十分急切地想和她交朋友。于是这位妻子终于明白了，言谈举止的美赋予一个女人的魅力是无可比拟的。

那些漂亮的女郎虽然在风华正茂时可以毫不费力地靠外表吸引旁人的注意，但如果她们因此而忽略了对自己个性的创造，等到年老色衰时才想到要去弥补，那就太迟了。而那些平凡的不起眼的人，只要她注意培养自己独特的个性，无论她到了什么年纪，照样可以给人年轻而有活力的感觉，而且她们身上更具有一种让人无法抗拒的独特魅力。

温柔是女人百试不爽的终极武器

不知是不是从《我的野蛮女友》的热播开始，越来越多的男人开始抱怨“现在的女人都一副咄咄逼人的样子，一点也不温柔”！温柔体贴、小鸟依人的女人似乎已经不再流行了，取而代之的，是蛮横刁钻、张牙舞爪的所谓“新潮女性”。对于男士的“悲叹”，你可能会柳眉倒竖、杏眼圆睁、气势汹汹地反驳：“时代不同了，现在我们可是和男人‘平起平坐’的。他大学毕业，我还念过研究生呢；他月收入三千，我还年薪五万呢！我干吗对他百依百顺，做出一副可怜兮兮的‘柔弱’状？”

言谈之间，一副野蛮无礼的“河东狮吼”状。

这些话虽然有理，但是自古，雄性代表阳刚，雌性代表阴柔，无论如何，女人都不应失去女性特有的温柔。

女人最能打动人的就是温柔。温柔而不做作的女人，知冷知热，知轻知重。和她在一起，内心的不愉快也会烟消云散，这样的女人是最能令人心动的。

所谓女人味，是指那种含蓄、优雅、贤淑、柔静的女人味道，也是一种令男性不可抗拒的魅力。尤其是处于保守的东方社会，男人所期望的仍然是富有母爱温柔的女性。如果女性的行为太开放，言语太大胆，语气太强硬，男士们都会望而却步。

温柔是女性独有的特点，也是女性的宝贵财富。如果你希望自己更完美、更妩媚、更有魅力，你就应当保持或挖掘自己身上作为女性所特有的温柔性情。须知：做女人，不能不懂温柔；要做个百分之百的好女人，不能丧失温柔；要成为幸福快乐的女人，绝对不能不温柔。

温柔是女人的本色，正如阳刚是男儿的本色一样。缺少温柔的女人会被人视为“没有女人味”，缺乏阳刚的男人会被人叫作“娘娘腔”。

女性的温柔是民族遗风、文化修养、性格培养三者共同凝练所致。一个有魅力的女人，善于在纷繁琐事、忙忙碌碌中温柔，善于在轻松自由、欢乐幸福中温柔，善于在柳暗花明时温柔，善于在关切和疼爱中融合情人与妻子两种温柔，善于在负担和创造中温柔，更善于填补温柔、置换温柔。

温柔是一种足以让男人一见钟情、忠贞不渝的魅力。的确，男人在挑剔的眼光中，盯着女人的美丽的同时心里还渴求温柔。在充满浪漫青年时代，美丽或许会占上风，可当从感性回到理性的认识中时，男人就会越发明白：温柔比美丽可爱。事实上也是如此，在季节的变迁、时间的轮回中，美丽的外表会失去光泽，而温柔将会永驻。女性的温柔古往今来给人间带来多少深情挚爱、温馨和谐，让男人不能忘怀。恋人的温柔若款款的催化剂，催促着爱情的花果早日绽放成熟。夫妻的温柔像一缕春天的阳光，像一轮秋夜的明月，为生活增添了温馨和明净。

温柔里面包含着深刻的东西，这就是爱。这种爱之所以深刻，是因为不是生硬地表演出来的，而是生命本体的一种自然散发。温柔可不是娇滴滴，嗲声嗲气。这里有真假之分。娇滴滴、嗲声嗲气是假惺惺，是故作姿态。而温柔是真性情，是骨子里有的东西。一个女人站在面前，说上几句话，甚至不用说话，我们就能感觉到这个女人是温柔还是不温柔。

人们常说："水做的女人，泥做的男人。"有了如水般的柔情，再硬的顽石也会被击穿。女人用温柔征服男人，征服世界。

温柔的女人具有一种特殊的魅力，她们更容易博得男人的钟情和喜爱。这样的女人像绵绵细雨，润物细无声，给人一种温馨的感觉，令人回味无穷。

保持女性魅力，是你一辈子的功课

所谓女性的魅力，也就是女人最有别于男人的性别特征。简而言之，就是性感。戴尔·卡耐基曾说过一句相当经典的话："我认为女人的性感并不是如何去吸引男人，而是凭借自身的无穷魅力并将其发挥到极致，吸引男人的目光并不十分重要，只有吸引男人们的心才是完美地诠释了性感。"

卡耐基给出了他认为的性感特征：

1. 添一点异国情调

很多人都会被异国情调中那份野性及神秘等因素吸引着。女士们可以穿戴富有民族色彩的衣饰。也可以给自己多一点精力及一点时间去流浪，这就是涵养一份异国情调的最佳方法。

2. 感性与性感

性感与感性从来都是相辅相成的。一个感性温柔的女人，无论是思考、语调、一举手一投足都更细腻和更具感染力。

3. 涵养野性的心

若你不是外表野性，涵养一份内心的野性一样让你充满魅力。

4. 添一点醉意

微微的醺醉不但可以为面颊添上绯红、为眼神添上份朦胧美及柔和美，亦能释放在家里、在办公室里锁着的性感与坦荡之美。但谨记不要饮过了头。

5. 懂弹奏或跳舞

懂玩乐器及跳舞的人总会流露一份夹杂着性感的感性与温柔，而这其实比性感更诱人。如女人拉小提琴或大提琴，或跳西班牙舞、探戈时流露委婉或冷艳的眼神，更能让男人们倾倒。

6. 擅用眼波传情

无论是忧郁的、迷惘的、缥缈的、懒洋洋的、天真带笑的或眼中藏着火焰的，只要有神韵及充满流盼，眼波便是性感的发源地。

7. 呢喃软语绕耳边

法国人之所以被誉为最性感的人，正是因为法国人表达时充满感性，而法语又像一种呢喃软语。呢喃软语带领聆听者漫游于你的思维里，这种说话风格，不是很性感吗？

8. 沉思

很多人虽其貌不扬，但一旦沉浸在无边“思海”中，脸上会不期然地多了一份韵味。那些把眼神抛得远远的，嘟着嘴或微微侧着脸、托着腮的表情就更让人想多望一眼。

9. 拥有阳光肤色

凝肌胜雪的肤色固然如成熟的新鲜桃子，叫人垂涎，但一身阳光肤色配上苗条的身材，何尝不能散发野性的性感呢？

10. 保留性感小痣

若你的脸上出现小痣，请不要去之而后快，在适当位置，如耳珠、嘴唇附近（尤其是上唇右边）与眼角附近的小痣都是“美人痣”！

既要做“霹雳娇娃”，又要做“太极高手”

职场女性在进行管理的过程中，应该突出“刚柔并济”的行事手段。女性具备柔韧之美，这是一件好事，可是作为一个领导者，这样的特点常常被人当作弱点来攻击。所以，在处理问题的事情，女性管理者要懂得运用铁手腕，突显“刚”的一面，在恰当的时候给予最有力的回击。但是过刚则易折，因此，在处理某些事情的时候，女性管理者既要能够做一个刚强的“霹雳娇娃”，又要能够做一个柔韧的“太极高手”，将难题在柔性的策略之中消化掉。

张敏是一家公司的人力总监。一天早上，一名年轻有为的员工走进她的办公室，对她说刚接到一家大公司的录用通知，这家公司承诺给他提供更好的待遇和福利。这位员工希望张敏在他离职之前，能够安排好接任的人选。

张敏知道，那家公司是用高薪水来做钓饵，这一点自己的公司办不到，再说以目前这位年轻人的职位和对公司的贡献，还不值得投这个“资”。不过考虑到这位年轻人今后对公司的作用，张敏开诚布公地与他进行了交谈。

她首先答应可以将年轻员工的薪金略微提高。她指出：以年轻人目前在公司的职位，将来的升迁潜能很大。虽然目前本公司所提供的薪金与别的公司相比要低一些，但公司不会亏待每一位员工。如果年轻人能胜任当前的工作，那么根据公司的奖励制度，薪金就会逐年调高。

接着，她语气一转，说道，年轻人考虑要接受的那份工作实际上是死路一条。虽然那家公司比本公司愿意提供的薪水要多些，不过，如果他接受那家公司的工作，那么他将很难有机会继续升职。这并非说明他能力不足，而是新的职位将来并没有升迁机会。她继续告诉年轻人，他想加入的那家公司是个家族企业，其中的成员大多攀亲带故，一个外人很难打入权力核心。

张敏这一番语重心长的话让年轻人似有所悟，他也知道张敏并不是开空头支票，因为张敏说的话在情在理，都是符合实际的。几天以后，这位年轻员工又回到了张敏的办公室，告诉她自己已经放弃了新的工作，决定仍然留在公司里。

张敏在同年轻员工的这次交谈中，为了能够说服年轻有为的员工留下来，基本上采用开诚布公的方法，分析年轻员工去与留中的利弊得失。既有“软”手段：承诺加薪，描绘美好前景；又有“硬”手段：指出跳槽的短期风险和长期风险。她态度中肯，语中要害，没有满足年轻员工的种种额外要求，还达到了挽留年轻员工继续为公司服务的目的。

在面对下属要跳槽的事情上，如果管理者想用强硬的手段解决问题，并且自始至终都显示出高傲的姿态，那么无疑会使下属毅然决然地离开公司。但是在这种情况下，保持柔性的策略，对其说明其中的道理，做出进一步的允诺，则可能与对方的心理产生共鸣，从而实现自己的管理目的。但是，一味地讨好要辞职的下属，这种方法是不可取的，必要的时候也要有强硬的态度，来维护公司的利益和自己的尊严。

所以，作为一个女性管理者，既要保持自己柔韧的天性，又要有强硬手段，只有这样，才能让自己的下属心服口服。

职场丽人需要专业化养料

或许你有一张美丽的面孔，或许你有贵人相助，这些在工作伊始可能会起到很大作用，但在工作之中，这些因素就会被淡化甚至完全失去其作用。

现在的工作，对于男人、女人、年轻人、年长者都“一视同仁”，能力才是根本。女孩们不要期望会有金饭碗，现在的饭碗都是要靠我们努力去争取的。随着时代的发展，完全靠外貌的女性已越来越少，甚至成为不可能，就连娱乐圈这样靠脸蛋吃饭的地方，也都渐渐职业化起来。职场无情，不会因为你是女人就迁就你，不会因为你是漂亮女人就降格以求。

工作中是不分男女的，所以在工作中，女人要忘记自己的性别，像男人一样去拼搏。即使你再有钱，嫁得再好，工作也是必需的。有记者问贝克汉姆的妻子维多利亚："你们是世界上最富有的夫妻之一，为什么你还要常常丢下丈夫、孩子去工作？为什么不把全部时间奉献给家庭？难道这个家不值得你牺牲几场巡回演出吗？"她回答："许多人认为当一个女人有了孩子，有了家，她就不会再有兴趣工作了，那不是事实。"

在工作中，女人要严格要求自己，做更加专业化的职业女性。从硬件上来说，首先是工作技能，这是我们工作的基础。

责任心是最常被提及的，它在工作中所起的作用也是非常重要的。

社会学家戴维斯说："放弃了自己对社会的责任，就意味着放弃了自身在这个社会中更好地生存的机会。"放弃承担责任，或者蔑视自身的责任，就等于在可以自由通行的路上自设路障，摔跤绊倒的也只能是自己。

责任就是忠诚和信守自己所负的使命，责任就是出色地完成工作。

一分耕耘一分收获，你的付出一定会给你带来理想的回报。

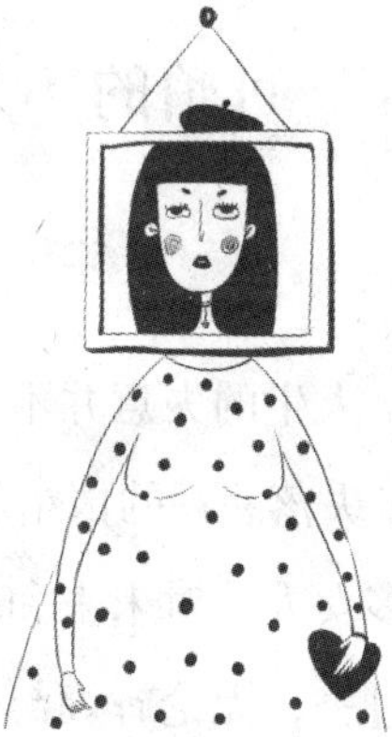

第五章
DIWUZHANG

愿你能做一个自律的人，有一个自由的灵魂

可怕的不是人生失意，而是心灵失控

人生的失意并不可怕，可怕的是沉溺于失落的情绪中不能自拔。失落悲观的情绪就好像是魔鬼，将现实中的一切都给丑化了。很多女人，对未来和生活都持有一种悲观、迷茫的心理。对自己的过去，无论辉煌与否，都一概加以否定，心里充满了自责与痛苦，口中有说不完的遗憾和悔恨。她们对未来缺乏信心，认为自己一无是处，什么事都做不好，认知上否定了自己的优势与能力，无限放大自己的缺陷。她们经常出现失眠多梦、嗜睡懒动，或觉得自己比平时更敏感、更爱掉眼泪等，重者自我意志消极，时常自怨自艾，或心境悲哀、待人冷漠。

有这样一个寓言故事：

从前，有两个人住在一座光秃秃的荒山上。

第一个人很悲观，一边叹气，一边在山脚下为自己修着坟茔。

第二个人很乐观，成天乐呵呵的，在山坡上种了很多绿色的树苗。

岁月悠悠，转眼过了40年。

第一个人老了，泪汪汪地打开坟茔的门，走了进去，再也没有出来。

第二个人却精神抖擞，在果树下采摘着金色的果实。

又过了许多年，第一个人的坟茔前长满了草，还有野狼出没。

第二个人的那座花果山前却花常开、树常青，满山闪耀着生命的辉煌。

原来，悲观与乐观都是种子，只不过前者的果实叫无奈，后者的果实叫甘甜。

女人要追求幸福的生活，就要让自己的心灵从低落悲观的冰河里泅渡出来。

很久以前，为了开辟新的街道，伦敦拆除了许多陈旧的楼房。

然而新路却久久没能开工，旧楼房的废墟晾在那里，任凭日晒雨淋。

有一天，一群自然科学家来到这里，发现在这一片多年未见天日的旧地基上，因为有春天的阳光雨露，竟长出了一片野花野草。

奇怪的是，其中有一些花草在英国从来没有见过，它们通常只生长在地中海沿岸国家。这些被拆除的楼房，大多是在古罗马人沿着泰晤士河进攻英国的时候建造的。

这些花草的种子多半就是在那个时候被带到了这里，它们被压在沉重的石头砖瓦之下，一年又一年，几乎已经丧失了生存的机会。但令人感到意外的是，一旦它们见到阳光，就立刻恢复了勃勃生机，绽开了一朵朵美丽的鲜花。

女人也应该如此。不管经受了多少苦难，都应该像那些花一样不轻易放弃，并且坚信自己终有见到阳光的时候，并且默默准备着，当阳光照来时，便以强大的力量，改变生活，拥抱幸福灿烂的人生。

为梦想穿上“钝感”的战衣

“钝感力”一词源自日本，是日本著名作家渡边淳一《钝感力》中的首创词。按照渡边淳一的解释，“钝感力”可直译为“迟钝的力量”，即从容面对生活中的挫折和伤痛，坚定地朝着目标的方向前进，它是“赢得美好生活的手段和智慧”。“钝感力”一词虽是新创，但它的内涵却并不陌生，其实“钝感力”的实质，正是一种沉得住气，以忍图强的处世方式。钝感不等于迟钝，它强调的是对周遭事务不过度敏感、沉得住气、不骄不躁、集中力量、专注目标的生存智慧。

钝感力是立身处世不可或缺的品质。女人也许有这样的体会，同样的失误，同样的苛责，有的人感觉痛不欲生，以致影响事业和生活的和谐；有的人却失落一阵，就很快恢复常态，他的事业、生活没有受到多大困扰，依然运行在正常的轨道之上。通过许多企业的研究发现，企业中最优秀的员工往往不是最聪明的员工，也不一定是最能干的，而是能够以最合适的状态及心境应对一切变化的员工。在与公司共同发展的过程中，他们无论是处于逆境、顺境，还是面对表扬或批评，都不会轻易动摇对于自我价值的判断以及坚持到底的决心。很多时候，他们是同事眼中冥顽不化的愚笨者，是别人眼中反应迟钝的平庸者，但经过许多次的考验之后，这些“迟钝者”往往以其坚忍不拔的精神获得管理者的赏识，实现晋升的目标。

百荣集团是所在行业的知名企业，在声名远播的同时，集团面临的内外压力也与日俱增：一方面竞争对手步步紧逼，不断抢占市场份额；另一方面，集团内部营销体系及相应的制度都有些混乱，区域市场的管理出现许多漏洞。张智与刘明都是百荣集团刚引入的高级营销人才，出任公司的营销部经理，分管不同的市场，共同向总经理及董事会汇报。

从工作背景来看，两个人不分伯仲：都毕业于名牌大学，都曾任职于著名外企，具有较强的实力和丰富的经验，并且干劲十足。

在正式接管之后，两个人做的第一件事就是对自己所负责的区域进行大刀阔斧的改革，并引入外资公司一套成熟的制度进行实践。虽然职业背景非常相似，但张智与刘明两人的工作风格却大相径庭。张智做事雷厉风行，并且说话直言不讳。他的洞察力与市场判断力让许多下属颇为佩服。而刘明却很像职场版的“许三多”，憨厚随和，性格不温不火，做事从不激进。许多人都认为张智将会比刘明更能做出成绩。

由于张智与刘明对区域市场进行了改革，触及了公司中诸多人的利益。在他们上任几个月后，一些员工产生了抵触情绪，所以各种各样的非议纷至沓来，更不断有人写匿名信编造各种借口举报他们，张智与刘明都面临着巨大压力。

张智的性格急躁，对于这些无中生有的指责表现激烈，同时对于公司管理层的询问又表现出极大的反感，认为领导层应该给自己充分的信任与支持，而不能以这些莫须有的指责扰乱自己的情绪。为了实现既定目标，张智不断向区域经理下达死命令，不断地开会督促。一旦某一项任务没有完成，张智便会怒发冲冠，并施以重罚，警告团队必须如期完成任务。张智的情绪化表现非常明显。他心情好时可以与团队打成一片，但当他情绪低落时，他整天阴沉不语，经常为一点小事发怒训人，让下属根本不敢与他沟通。

刘明的表现则平静得多。虽然也肩负重担，但他有条不紊。无论是任务布置还是工作推进，无论是取得成绩还是遇到障碍，他都能够心平气和地与团队共同研讨对策。而对于各种各样的非议与批评，刘明充耳不闻，依然淡定自如，他似乎并不太在意别人的评头论足，只是一心走自己的路。更令下属感激的是，由于某区域经理的失误，导致业绩下滑，当整个团队受到董事会严厉批评之时，刘明却一个人抗住压力，耐心向董事会解释其中原因，并阐述接下来的应对措施以及未来的发展前景，从而取得了谅解。

一年半过去了，张智与刘明都以各自的方式顺利完成了向董事会承诺的目标。公司管理层决定提拔两个人中的一个出任营销总经理，在经过多方面的考察，多数员工支持刘明晋升为营销总经理，原因很简单，虽然张智的能干让人佩服，但刘明的“钝”让人更有持久的信心。而总经理的评价则是：张智是个将才，但刘明更是帅才。敏于心，钝于外，这就是我们所期望的稳健型领导者。

“钝者，讷于言敏于心。”

敏于心，钝于外，这就是大智若愚的智者。

如果说敏感力是一种外在的洞察力，那么钝感力则是一种内在的坚持力。相对于洞察力，坚持力是一种更持久的耐力与能力。现代社会的竞争越来越激烈，在这场没有硝烟的战争中，人与人之间的“斗争”在所难免，优胜劣汰成为常态。保持一定的敏感度是必要的，但更为重要的是沉得住气，排除一切干扰，为成功而坚持不懈地努力。这种貌似“迟钝”的顽强意志使我们突破重重障碍，步步向前，而这，就是钝感的力量所在！

女人在职场之中，如若能多一些“钝感”，少一些“敏感”，为梦想穿上“钝感”的战衣，将使你减少许多的杂念、忧愁、纷争，以便更好地将精力投入到工作中去，创造出更为优秀的业绩。

把寂寞当作人生预约的美丽

许多女人每天都在抱怨生活的压力太大，感到内心烦躁，不得清闲。于是，追求清静成了许多女人的梦想，但却害怕寂寞。寂寞并不可怕，只要能暂时放下心中的惦念，真心体味，寂寞也是一种清静，而且比清静更有价值。

如果一个女人能把寂寞当作人生预约的美丽，怀着淡定从容的心态去面对世间繁杂，那么也就没有了真正意义上的寂寞了。一个人要想成功，必须能够忍受孤独。

纵观历史，但凡成就大业者在其创业初期，都是能耐得住寂寞的，古今中外，概莫能外。门捷列夫的化学元素周期表的诞生，居里夫人的镭元素的发现，陈景润在哥德巴赫猜想中摘取的桂冠等，都是他们在寂寞、单调中扎扎实实做学问、在反反复复地冷静思索和无数次实践中获得的成就。季羡林先生也是一位懂得把寂寞当作人生预约的美丽的大师。

20世纪30年代，季先生独自一人前往德国求学，这一去就是十年，独在异乡的寂寞和对故乡及亲人的思念只能深埋心中。但他并没有被寂寞打垮，从最开始的陌生的人和环境，到慢慢适应，并潜下心来，钻研学术。

正是由于他能耐得寂寞，虚心向良师求教，学识大有长进，人生阅历也有所增多，只是身边少了亲人的陪伴。即使回国之后，由于工作原因，季先生很多时间也不能和家人一起共享天伦之乐。直到 1962 年，妻子彭德华从济南搬到北京来，季老数十年的单身生活才算结束，“总算是有了一个家”。

季先生在散文《马缨花》一文中，描绘了自己当年的寂寞：“曾经有很长的一段时间，我孤零零一个人住在一个很深的大院子里。外面走进去，越走越静，自己的脚步声越听越清楚，仿佛从闹市走向深山。等到脚步声成为空谷足音的时候，我住的地方就到了。”

当一个人把寂寞当作人生的馈赠时，心态就会淡然很多。季先生是一个寂寞并懂得享受寂寞的人。真正的大师，往往能与寂寞同行。他们就像是武侠小说中的绝顶高手，唯有耐得住寂寞，才能在潜心修炼中练就绝世武功；唯有守住寂寞，才能在凝神之间习得抛却外界一切干扰的定力；唯有甘于寂寞，才能无欲无求，才能泰山压顶而自岿然不动。

对于芸芸众生的我们，要挣脱寂寞的方法，就是要勇敢面对并接纳的寂寞。一个人的生活中总会有这样、那样的挫折，会有这样、那样的机遇，然而只要你有一颗耐得住寂寞的心，用心去对待、去守望，成功就一定会属于你。

古人云："论至德者不和于俗，成大功者不谋于众。"至高无上之道德者，是不与世俗争辩的；而成就大业者，往往是不与老百姓和谋的。这话乍听起来似乎有悖于历史唯物主义，但细细想来，也不无道理。"头悬梁，锥刺股"也好，"孟母三迁""凿壁偷光"也好，大都说的是耐得住寂寞的人才能成就一番事业。

每个人一生中的际遇肯定不会相同，然而只要我们耐得住寂寞，不断充实、完善自己，当机遇向我们招手时，我们就能很好地把握，获得成功。有"马班邮路上的忠诚信使"称号的王顺友就是这样一个甘于寂寞、耐得住寂寞的人。

王顺友，是四川凉山彝族自治州木里藏族自治县的一位苗族邮递员。2005年被评选为《感动中国》十大人物。20年来在雪域高原跋涉了26万公里、相当于走了21趟二万五千里长征、绕地球赤道6圈。每年投递报纸8000多份、杂志700多份、函件1500多份、包裹600多件；投递准确率达到100%。

从1985年开始，王顺友就在大山里奔波送信。一个人、一匹马、一条路和一颗温暖的心。20年，他一个人跋山涉水、风餐露宿，按班准时地把一封封信件、一本本杂志、一张张报纸准确无误地送到每个用户手中。

木里地处青藏高原和云贵高原的接合部，这里除了山还是山，很难找到一块平地。因为地理和经济等条件限制，全县 29 个乡镇中，至今仍有 23 个乡镇不通电话，7 个乡镇不通公路，16 个乡镇没有电，但早在 1976 年 2 月，木里全部的乡镇都已通邮——邮政成为群众了解外界信息的重要途径和方式。邮递员步行给部分乡镇送信，邮件只能用马驮，被称为“马路邮班”。

在这条路上，没人能替他分担这近乎残酷的艰苦，他一肩挑、一人扛。当万家灯火、家人团圆的时候，王顺友只能一个人蜷缩在山洞、牛棚、树林里或露天雪地上，只有骡马与他相伴。冬天一身雪，夏天一身泥，饿了就啃几口糌粑面，渴了只能喝几口山泉水或吃几块冰。到了雨季，他几乎没有穿过一件干衣服。由于常年在野外风餐露宿，喝酒驱寒，王顺友的身体一堆毛病，胃病常年伴随着他，他的心脏、肝脏、关节也经常受到病痛的折磨。

王顺友视邮件为生命，忠诚履行着一个乡邮员的职业使命。1988 年夏天，雅砻江上还没有吊桥，过河要使用溜索。当王顺友快到对岸的时候，钢绳突然断了，他重重地摔在沙滩上，裹在塑料布里的邮包落到江中。王顺友顾不上疼痛，随手抓起一根树枝，跳到江中，与激流搏斗了一个多钟头，终于将邮包拖上了岸，可他却累得瘫倒在岸边。

在恶劣的自然环境和艰苦的工作条件下，在马铃孤寂的叮当声中，王顺友以超乎常人的坚韧，日复一日，年复一年，在漫长的马班邮路上。在木里县邮政局的记录中，20年里，王顺友从来没有延误过一个班期，丢失过一封邮件。

徒步在大山里孤身行走26万公里，至少要露宿6个晚上。对越来越多的户外运动爱好者来说，这样的一次经历也许充满趣味，但每月都风雨无阻地走上两趟，是不是难以想象？这个普通的苗族乡邮员却有着崇高的职业使命感，把寂寞当作人生预约的美丽，把这件事做了20年。

耐得住寂寞，是所有成就事业者共同遵循的一个原则。浮躁的人生是与之相悖的，它以历来不甘寂寞和一味追赶时髦为特征，有着一种强烈的功利主义驱使。浮躁的向往，浮躁的追逐，只能产出浮躁的果实。这果实的表面或许是绚丽多彩的，却并不具有实用价值和交换价值。

但凡成就大业的人物，无不以踏实、厚重、沉思的姿态作为特征，以一种严谨、严肃、严峻的表象，追求着一种人生的目标。当这种目标价值得以实现时，仍不喜形于色，而是以更寂寞的人生态度去探求实现另一奋斗目标的途径。

一位西方哲学家说："世界上最强的人，也就是最孤独的人。只有最伟大的人，才能在孤独寂寞中完成他的使命。"所以，面对人生，女人要学会做精神上的"独行侠"，在孤独中寻求自我的价值，实现自我的价值。

如果没有观众，就为自己鼓掌

每个女人都想在自己的舞台上演绎出辉煌的人生，总希望收尽所有人的掌声，被众人簇拥于鲜花之中。但我们都只是一个平凡的小女子，身上没有耀眼的光环，生活中甚至没有人为自己呐喊助威。就算没有观众又如何？淡定的女人会自我激励，为自己鼓掌。

为了迎接六一儿童节的到来，某市举办了一次儿童才艺展示活动。家长们带着孩子来到现场，当自家的孩子在舞台表演结束时，无论表演得是否出色，那个孩子的家长总会先鼓掌，接着台下观众们便会跟着鼓掌，顿时响起一阵阵热烈的掌声。

当一个小女孩跳完一支舞时，台下并没有立即响起热烈的掌声。只见小女孩伸出小手，自己鼓起掌来。台下观众看到这一刻一下笑了起来。有一个评委觉得很奇怪，就问她："孩子，你为什么自己鼓掌呢？"

小女孩天真地回答道："妈妈有事没到现场，我来的时候她告诉我，如果没有观众为我鼓掌，我可以为自己鼓掌。"听完小女孩的话，台下响起一阵经久不息的掌声。

的确，既然没有人为我加油，我们为什么不能为自己加油。

就算没有人鼓掌，我也不会轻视自己，可以自己鼓掌啊。让我们当自己的观众，为自己助威。

失败并不可怕，可怕的是自己沮丧的心境，就算没有观众，也要坚持到底，自己为自己鼓掌。淡定的女人要学会为自己鼓掌，给自己力量，做自己喜欢的事情，为每一次的成功而感到骄傲。

一个从小就喜爱音乐和舞蹈的女孩，在18岁那年，如愿以偿进入了大学艺术系，攻读声乐专业。父母都是普通工人，家境自然不宽裕。学习期间，她总是尽可能多地兼职，自食其力，以减轻家庭负担。

大学毕业前夕，有一天，她拖着疲惫的身子回到宿舍时，已是晚上11点多钟了，舍友们还在兴高采烈地聊天。一打听，原来，一个同学探听到一家电视台对外公开招聘气象节目主持人，正在撺掇大家去报名应聘呢！

谁知，那个同学记错了面试时间，当女孩和同学赶到电视台时，面试已经结束了，考官正在收拾东西准备离开。“完了，完了。”几个同学急得直跺脚，一个个脸上露出失落绝望的神情。

但女孩坚信的是，如果没有观众，就自己鼓掌，凡事一定要争取。

不知从哪里来的勇气，她一个箭步冲上去，把主考官堵在电梯门口。“请给我们一个面试的机会，也许，我们就是最合适的人选！”她言辞恳切，神情充满自信。

考官们一下子愣住了。在与她对视了足足半分钟后，决定破例给她们一次机会。结果，凭着清纯可人的外形气质、出色的自身素质和机敏过人的临场表现，她脱颖而出，最终被电视台录用了。

她没有想到，绝望之际凭着给自己鼓掌的勇气，以及自己大胆得有点出格的举动，竟然开启了人生的一个希望之门。

一年后，她毅然辞去在省电视台这个已经有点成绩的主持人工作，决定“北漂”，去寻找一片更广阔的飞翔天空。

那是一段清苦、艰辛且看不清未来的“全漂”生活：偌大的北京，没有她的地方，在一个极其闭塞的社区，蹭着一个转了多少道弯的朋友的空房子，但即便是在这样极其恶劣的生存状态中，她还是没有放弃心中的梦想，咬紧牙关，坚持参加中国传媒大学的专业培训。她在潜心等待着一个属于自己的机会。

机会终于来了，中国气象局华风声像技术中心招聘气象主持人，她兴奋地跳了起来。但同学看后，沮丧地说：高兴什么呀，人家规定应聘者必须持有北京户口，你怎么去？她却不以为然，说，只要我们有真本事，他们是不会把我们拒之门外的吧？去试试看，或许就是个机会呢！她再一次为自己加油打气。

抱着试一试的想法，她拨通了招聘处的电话。对方说：在这么多不符合招聘条件的应聘者中，你是第一个没有放弃和退却的人，我们接受你的报名。凭着扎实过硬的主持功底，她最终胜出，被录用了。

她，又一次凭着为自己鼓掌的勇气和心态敲开了成功的希望之门。

她就是王蓝一，中央电视台一套“天气预报”节目主持人。她用自己的亲身实践证明了：如果没有观众，就为自己鼓掌。

在每一个女孩的成长路上，都会遇到障碍与险阻，甚至会有别人无情的冷嘲热讽，四处投来的不屑的目光，我们要坚定地为自己鼓掌，给自己前进的力量，然后勇往直前地走下去，活出自己的风采来，把自己证明给别人看。

2006 年的超级女声的主题歌这样唱道：“想唱就唱要唱得响亮，就算是没有人为我鼓掌，至少我还能够勇敢地自我欣赏！”这首歌唱出了多少青春女孩的心声。是呀，在每个人的生命之歌里，自己才是自己最忠实的观众。让我们“想唱就唱”为自己鼓掌，为自己加油，朝着自己的梦想奋斗，鲜花与掌声在前方为你等候。

每个女孩在成长中的过程中，也许只是一朵残缺的小花，也许只是一片枯黄的叶子，也许只是一颗遇到秋霜的青果。这些都不要紧，关键是你要坚强，你要努力，为自己鼓掌，为自己前进的道路上播撒一份阳光！

“鸡肋”无味，一个人的世界也精彩

由于社会和个人的原因，剩女是越来越多了。而那些适龄的女人为了早早地把自己嫁出去，不断地周旋于亲人朋友给安排的相亲之中，如此一来，却迷失了自己。忘记了自己内心的最初的坚持。于是，开始了一场可有可无的恋爱，不淡不咸的交往着。事实上，所谓的“鸡肋”享受不到甜蜜与快乐的滋味，还不如一个人精彩。

杨修曾说：“鸡肋者，食之无肉，弃之有味！今进不能胜，退恐人笑……”鸡肋，纵使嚼之无味，至少在饥饿时可以果腹，所以弃之可惜。鸡肋一样的爱情，缺少爱情的激情与甜蜜，虽然心头仍存一丝不舍，但对于女人来说，最输不起的就是时间，怎能让这样的爱情填满了青春的保鲜期呢，所以，鸡肋爱情，女人当弃之不惜。

大学毕业后，幼师专业的敏很顺利地进入一所市立中心幼儿园。和孩子在一起，敏总觉得自己没有长大。可转眼间自己已经过了 25 岁的生日了，父母开始念叨她的终身大事了。

今年春天，父母的一位热心肠朋友，主动介绍小丁与她认识。小丁是某机关单位公务员，家庭条件也比较好，在市内有两套房子，父母都是做生意的。

见了一面之后，敏并不同意，她觉得自己的工作相对比较封闭，性格也比较内敛，她本身也不太喜欢接触浮华的场合。但敏的父母认为小丁这个小伙子为人活络，这个社会就适合这种人。而且家庭条件好，自己的女儿嫁过去就不会再为生活所累了。

在父母的强烈建议下，敏答应接触一段时间看看，倒是小丁听了别人说了一些关于敏性格温柔，为人低调的情况后，觉得很合心意，便几次主动邀请敏见面。敏终于面对“盛情”难以回绝。有时候，想想父母的话确实有道理，也许与小丁的结合也是一种相对稳定的婚姻。

两个人便正式约会了。

几个月过去了，敏好像觉得自己“有一点动心”了！因为小丁总是对她嘘寒问暖。两人也会偶尔出没在影院，咖啡厅和公园，享受着旁人目光中“情侣”的待遇！小丁甚至开始计划着结婚的事宜。

但敏觉得小丁似乎在有意识地隐藏敏不喜欢的一面，尽量维护在她面前的美好的一面。而敏也不觉得两个人是在恋爱，这种不咸不淡的交往更像是两个普通朋友的相处，这不是她心中想要的爱情。让她奇怪的是，自己从来没想过去主动约小丁出来，不见的时候不会想念。敏最近开始反思他们之间是不是真的有爱情。

爱情可以使人堕落，也可以使人升华，每个人当然都希望是后者那么完美。那么这个完全在于我们自己去选择，不要屈就自己，更不要违背自己的心意，纵有千万的理由，也要选择一个彼此都相爱的人。也许这样寻找等待的时间会很漫长，但我们要有耐心。而鸡肋爱情，让它离我们远点吧。

女人大多都是感性的，一旦爱上便会百分之百的投入，并且希望最终可以走入婚姻的殿堂。但如果婚姻不是以爱情为基础，只是为了外面上看似的般配，那么这根鸡肋早晚都有被丢掉的一天。爱情就是要年轻的时候爱最爱的人，看最美的风景。我们不能为了某个看似合适的人而凑合自己的一生。

梅子和杨阳是通过最传统的相亲认识的，他们之间没有惊喜，没有波折，两个人顺理成章地相识相处了。每天像做功课一样到时间打个电话，发些信息，也会见面吃个饭，喝个茶。也许两个人可以一直这样下去，然后自然而然地像父母希望的那样，结婚生子，过日子。这样想来，也没什么不好，女人嘛，到最后也不就是找个好的归宿，相夫教子，或者支持丈夫去做自己的工作事业。

这样看似没有问题的恋爱，梅子却开始反思。这样的恋爱实在太平淡太无味，心里没有一丝波澜。这样的爱情，进行得又有多少的意义，这样的结合，又有多少的价值。人生苦短，却不能忠于自己的心，当年老色衰之时，只能去默默地遗憾地流着泪，却还没有感受到真正的爱情，为之疯狂的爱情。

经过反思，梅子放弃了这段感情。决定等待一份自己想要的爱情。于是，她又开始了一个人的生活。一个人的世界虽然没有爱情，但至少有友情还在，闲暇的时候和闺密逛街买自己喜欢的衣服，把自己收拾得优雅得体。一个人的时候可以有音乐相伴，手捧一本书，在知识的海洋中畅游。一个人的时候抑或去远方旅行，享受那种永远在路上的感觉。一个人的世界一样很精彩，当寂寞和孤独演化成一种嗜好，一声叹息之后，一个人的浪漫仍能营造。

毕竟，两个人，朝夕相处，是要一辈子的，那么将就干什么呢？否则这样的结合只能是一种悲哀，最后也只能是一场"悲剧"。如果你遇到了一个对爱情同样迷茫的男人，他没有能力或者是惧怕去承担一个女人的喜怒哀乐，鸡肋爱情中的女人还是选择一个人走吧。

当爱情变成鸡肋，当承诺变成枷锁，睿智的女人理应选择放弃。或许还会有眷恋，会有不舍，但青春易逝，守着这样的感情直至年华老去的那一天，真的不值。因此，与其品味一段无味的鸡肋爱情，不如回到一个人的世界，活出自己的精彩。

把生活当情人，允许他发个小脾气

在生活中，女人因为阅历不够，常常会碰到一些自己无法改变的事情。遇到这样的事情，不要去硬拼，没必要非弄个鱼死网破，因为鱼死了网也未必会破；也不必弄个玉碎瓦全，因为碎了的玉和瓦没什么区别，不如学习去顺应、去配合，把自己磨得圆滑一些。

生活中发生的很多事情也许将我们磨得失去了耐性，可是没有办法改变，又能怎么办呢？女人就把生活当成自己的小情人吧，在经受挫折时，就当是他在发脾气，不要与他计较，哄哄他也是一种生活的情调。

小张是一所名牌大学的高才生，他不仅成绩出众，还是校学生会的主席。大学毕业后，他如愿以偿去了一家外资企业工作。可是不久他就发现，自己在公司干的都是些打杂的事情。从名牌大学的高才生到别人的“助理”，这样的现实让小张很难接受，特别是别人动不动就使唤他，让小张觉得尊严受到了挑战。他有时咬牙切齿地干完某事，又要笑容可掬地向有关人员汇报说：“已经做好了！”如此违心的两面派角色，他自己都感到恶心。有几次，他还与同事争吵起来。时间一长，小张的日子就不好过了，同事们几乎没人理他，孤傲的小张更加孤独了。

生活就是这样，如果你对他发脾气，他就会把你抛弃。所以，当你没办法改变世界时，唯一的方法应该是改变自己。还有另一个故事：

旋！旋！旋！满满的一车螺丝钉都要旋出来！对于刚做旋车工的萨姆尔来说，他似乎觉得自己的一生都要消磨在旋钉子这件琐事上了。他满腹牢骚，老想着自己干什么别的不好，偏偏一定要来这儿旋钉子呢？就算他把这一大堆的螺丝钉都旋完了——但是，过一会儿马上又会有另一车堆在原来的地方，然后，自己又得不停地旋啊！旋啊！这一切多么可怕呀！

在第二架旋车上的旋车工荷维德听了萨姆尔的埋怨，也很郁闷地叹了口气，以表同情。他和萨姆尔一样，也很讨厌这份工作。

有什么办法呢？难道去找工头说：以自己的能力，做这种简单的体力活简直就是大材小用，因此，我希望得到另外一份更好的工作？可以想象得到工头听到这些话时的轻蔑神情。要么，干脆就辞职不干了，另外再去找一份工作？这可是他费了九牛二虎之力才找到的一份工作啊！萨姆尔是绝对不能轻易辞掉的。

难道就没有别的办法来改变这种讨厌的工作状态吗？办法总归会有的，关键在于你肯不肯动脑子去思考。当萨姆尔想到这一点时，他立刻想出一个很聪明的方法，可以使这种单调乏味的工作变成一件很有趣味的事——他要把它变成一种游戏。他转过头来对他的同伴说："让我们来比赛吧，荷维德。你在你的旋机上磨钉子，把外面一层粗糙的东西磨下来。然后，我再把它们旋成一定的尺寸。我们比一比，看谁做得快。过一会儿如果你磨钉子磨烦了，我们再换着做。”

荷维德同意了他的建议，于是，他们俩之间的比赛马上就开始了。这样一来，果不其然，工作起来并不像以前那么烦闷了，而且工作效率还比以前提高了。不久，工头便给他们调换了一个较好的工作岗位。

这个叫萨姆尔的年轻人就是后来鲍耳文火车制造厂的厂长。

当你改变不了你的工作时，就改变你的心境，把工作变成一种游戏，使自己做起来饶有趣味，生活也会越来越开心。

在生活和工作中，女人可能会遇到许多的不如意。比如，你是一个刚毕业的学生，很喜欢编辑的工作，可是放在你面前的就只有文员的工作；你正处于事业的爬坡期，你以为升职的名单里会有你，可是另一个你认为不如你的人却代替你升了职……既然改变不了事实，那么我们何不把生活当情人，允许他发个小脾气，顺应环境，理清思绪，让自己重新开始呢？

合理放纵，给理性一个出口

女人不仅要学会理智地工作，还要学会合理地放纵自己。

理性和感性在生活中缺一不可。有时过于理性和理智，会给我们带来沉重的精神负担，这时我们需要适当放松一下理性带来的压力，舒缓一下自己的心灵。当我们情绪紧张时，不妨适当地“放纵”一下自己，平衡一下过于理性的神经。

在一家外企做部门经理助理的小婷，每天要处理大堆的文件和琐事，再加上烦恼的人际关系，有时候真不想去上班了，而且情绪也变得很差，动不动就在家大发脾气。一天晚上，烦躁的她下班也不想回家，就在街上溜达，鬼使神差地拐进了一家酒吧。这个酒吧看上去不是那么闹腾，走进走出的都是跟她年纪差不多的年轻人。

“就进去看看吧。”小婷想。

小婷还是第一次去酒吧，因为一直生活在一个很传统的家庭，所以她以前一直觉得酒吧是个很乱的场所。可是，这次她看到的完全不是那么一回事，几个年轻人围在一起喝酒谈事情，台上的歌手轻轻地唱着她最喜欢的经典老歌。

小婷一下子就爱上了这个地方，于是，她每天下班后都来这里坐上 30 分钟。甚至有一次，一时兴起的她还走上台去唱了自己最拿手的歌，博得了满堂喝彩。酒吧的老板还邀请她成为那里的驻唱歌手。

一段时间下来，她发现自己情绪好了很多，每天都开开心心的，对工作的厌烦感也渐渐减弱了。

半个小时的放纵，让小婷找到了更多的乐趣。那我们呢，是否也可以从生活中发现一些隐匿的美和快乐！放纵自己 30 分钟，就是放纵自己的固有思维30分钟，尝试一点新鲜的刺激，给生命注入更多的活力。放纵对我们的意义在于使我们跳出现有的生活，去尝试一种另类的生活。角色的转换会让人找回新鲜感，找回生活的乐趣。我们热爱我们的生活，却也习惯于它的平凡和波澜不兴。如果可以从另外的角度去感受生活，生活也许就会变成一首诗、一幅画，而不再只有车轮碾过的废墟。

当然，30分钟的放纵，这其中的“30分钟”正是为我们的放纵加上了一条限制，放纵并不是没有节制，只有懂得节制才能更好地开始。

腾空心灵，没有什么事是值得忧虑的

女人要想获得平静的心灵，这里有一个很重要的方法，那就是将心灵腾空。你可以多多尝试，一定要腾空心中的恐惧、仇恨、不安全感、内疚、悔恨和罪恶感。事实上，只要你腾空自己的心灵，就会缓和你的痛苦和负担。如果你不这样做，一味地忧虑下去，那么你只是在折磨自己，事情却不会

发生任何的改变。

一个商人的妻子不停地劝慰着她那在床上翻来覆去却无法入睡的丈夫："睡吧，别再胡思乱想了。"

"嗨，老婆啊，"丈夫说，"几个月前，我借了一笔钱，明天就到还钱的日子了。可你知道，咱家哪儿有钱啊！你也知道，借给我钱的那些邻居们比蝎子还毒，我要是还不了钱，他们能饶得了我吗？为了这个，我能睡得着吗？"他接着又在床上继续翻来覆去睡不着觉。

妻子试图劝他，让他宽心："睡吧，等到明天，总会有办法的，我们说不定能弄到钱还债的。"

"不行了，一点办法都没有！"

最后，妻子忍耐不住了，她起床去打开门，对着邻居家高声喊道："你们知道，我丈夫欠你们的债明天就要到期了。现在我告诉你们：我丈夫明天没有钱还债！"她跑回卧室，对丈夫说："这回睡不着觉的不是你，而是他们了。"

如果凌晨三四点的时候，你还在忧虑，似乎全世界的重担都压在你肩膀上：到哪里去找一间合适的房子？找一份好一点的工作？怎样可以使那个啰唆的主管对你有好印象？儿子的健康、女儿的行为、明天的伙食、孩子们的学费……你的脑子里有许多烦恼、问题和亟待解决的事在翻腾。

只要你采取一个简单的步骤，对自己说一句简短的话，说上几遍，每一次要放松地进行深呼吸，你就可以放松。你要对自己说，同时心里想：“不要怕。”

深呼吸，睁开眼睛，再轻松地闭起来，告诉自己：“不要怕。”仔细想想这些有魔力的字句，而且要真正相信，不要让你的心仍彷徨在恐惧和烦恼之中。

我们不能将忧虑与计划安排混为一谈，虽然二者都是对未来的一种考虑。未来的计划有助于你现实中的活动，使你对未来有具体的想法与行动指南。而忧虑只是因今后可能发生的事情而产生惰性。忧虑是一种流行的社会通病，几乎每个人都会花费大量的时间为未来担忧。忧虑消极而无益，既然你是在为毫无积极效果的行为浪费自己宝贵的时光，那么你就必须改变这一缺点。

女人请你记住，世上没有任何事情是值得忧虑的。你可以让自己的每一天都在对未来的忧虑中度过，然而无论你多么忧虑，甚至因此抑郁而死，你也无法改变现实。

学会承受生命的压力与重量

洛克菲勒曾对子女说："如果你认为我所经历的一切从头到尾全都是成功，这说明你对我人生的大部分知之不多；成功人士看起来总是在朝着胜利的道路行进。为了在这条路上一直走下去，他们每次败北时所秉持的必要的忍耐能力更是令人刮目相看。我从没见过不为失败、失望以及要求得不到满足而烦恼，能不断取得成功的人。我曾多次说过，有很多人由于过于害怕失败而放弃了参与竞争的机会。人总是只看见成功者的现在而无视他们长年的努力、失败、不满，甚至这之前所遭遇过并被克服了的重重困难。"

人生的困难有时会接踵而至，"屋漏偏逢连阴雨"的情况是常有的。越是在这种时候，越要保持极大的耐心。

正如有连遭不幸的公司，同样，也有连遭悲伤和不幸的个人，这是这个社会的现实，没有人能弄清楚其中的理由。女人你也可以说命运难以捉摸，可以痛恨人生的不公，可以自我怜悯，同时也可以拼命挣扎，但是你也能够按照你的想法，直起腰杆，挺起胸膛，不管是在生活还是在工作上，努力去面对。

要相信主动权在于自己，而不在于问题。如果遇到睁开眼睛就是重重困难的境况，你就需要有战胜困难的勇气和深思熟虑拟订克服困难的计划的能力，要培养出这两种特别的能力，否则只能停滞于现状，可能还会受到严重的打击，日夜悲伤，任何事也不想干，一味这样消沉下去。

为了积极的行动，就有必要积极调整心情，这也许是最难的；可是要战胜困难，首先必须决心去面对它。无论如何，要努力恢复自信。

有时我们感到自己已陷入了不可改变的窘境，实际只不过是一些困难堆成了一座高山而已，你得把它们一个一个解决，要学会忍耐“暴风雨”，一步一个脚印认真生活，要保持清醒的头脑，还要有足够的忍耐力。

已故乔治五世在他白金汉宫的墙上挂着下面的这句话：“教我不要为月亮哭泣。也不要为过去的事后悔。”叔本华也说过：“能够顺从，就是你在踏上人生旅途中最重要的一件事。”克莱斯勒公司的总经理凯勒先生说：“要是我碰到很棘手的情况，只要是想得出办法解决的，我就去做！要是解决不了的，我就干脆把它忘了。”

女人你没有必要为未来担心，因为没有人能够知道未来会发生什么事情。影响未来的因素太多了，也没有人能说出这些影响都从何而来，所以何必为它们担心呢？19世纪以前，罗马的大哲学家依匹托塔士曾说过：“快乐之道无他，只有一点，只要是我们的意志力所不及的事情就不要为之忧虑。”

“对某些必然之事，尽快地承受。”这是人生活中须谨记的一句话。当我们遇到不如意时，不要总想着为什么别人那么无忧无虑，而应该要学会忍耐，这其实是一种人性的升华。

迎着阳光，阴影就被抛在背后

有一位青年，总是埋怨自己时运不济，发不了财，终日愁眉不展。有一天，一个须发皆白的老人问他："年轻人，你为什么不快乐？"

"我不明白，为什么我总是这么穷。"

"穷？你很富有嘛！"老人由衷地说。

"这从何说起？"年轻人问。

老人反问道："假如现在斩掉你一个手指头，给你1000元，你干不干？"

"不干。"年轻人回答。

"假如斩掉你一只手，给你1万元，你干不干？"

"不干。"

"假如使你双眼都瞎掉，给你10万元，你干不干？"

"不干。"

"假如让你马上变成80岁的老人，给你100万，你干不干？"

"不干。"

"假如让你马上死掉，给你1000万，你干不干？"

“不干。”

“这就对了，你已经拥有超过1000万的财富，为什么还哀叹自己贫穷呢？”老人笑吟吟地问道。

年轻人愕然，突然明白了一切。

亲爱的朋友，如果你早上醒来发现自己还能自由呼吸，那么你就比在这个星期中离开人世的人更有福气；如果你从来没有经历过战争的危险、被囚禁的孤寂、受折磨的痛苦和忍饥挨饿的难受……你已经好过世界上5亿人了；如果你没有受到侵扰、拘捕、施刑或死亡的恐惧，你已经比世界上30亿人更幸福了；如果你的冰箱里有食物，身上有足够的衣服，有屋栖身，你已经比世界上70%的人更富足了。

根据联合国“世界粮食日”数据显示：全球有36个国家目前正处于粮食危机当中，仍有8亿人处于饥饿状态，第三世界的粮食短缺问题尤为严重。在发展中国家，有两成人无法获得足够的粮食，而在非洲大陆，有1/3的儿童长期营养不良。全球每年有600万学龄前儿童因饥饿而夭折！

如果你的银行账户有存款，钱包里有现金，你已经身居世界上最富有的8%的人之列；如果你的双亲仍然健在，并且没有分居或离婚，你已经属于稀少的一群人。

是的，想想这些，你还有什么不快乐的呢？

人的一生总要不断地去追求一些东西，但快乐的人不会将过程中的烦恼、阴影、不快装在心里，他们不会去忧虑。快乐是什么？快乐就是珍惜自己已拥有的一切，用热情、乐观、感恩的心去迎接每一天。

有人问庞塔乌斯：“最理想的家居是什么样子？”庞塔乌斯回答说：“既没有什么奢侈品，也不缺少必需品。”不过分地追求奢侈品，满足于必需的生活品，这其实是说智者应该满足于自己所拥有的、必需的东西，不要为了追求奢侈品而使自己闷闷不乐，不知足的人是很难得到满足的，对自己的生活不满足的人又怎么会快乐呢？

所以，知足常乐是一种很好的人生态度，女人不要因为暂时的困难、贫穷而悲伤，而止步不前。正确的做法应该是保持乐观的心情。因为知足的人并不贫穷，有了热情，一切就还有希望。

坚忍的女人，是风中的奇葩

很多女人失败的原因，并不是她们没有能力、没有诚心、没有希望，而是因为她们没有坚忍不拔的恒心，这种人做起事来往往有头无尾。她们怀疑自己是否能够成功，永远决定不了自己究竟要做哪一件事，有时她们看好了一种工作，以为绝对有成功的把握，但中途又觉得还是另一件事比较妥当顺利。这种女人到头来总是以失败告终，对她们所做的事不仅别人不敢担保，而且连她们自己也毫无把握。她们有时对目前的地位心满意足，但不久又产生种种不满的情绪。

唯有坚忍不拔才能克服任何困难。一个女人有了恒心，谁都会对她赋予完全的信任；有了恒心的女人处处都会获得别人的帮助。对于那些做事三心二意、无精打采的女人，谁都不愿信任或援助她，因为大家都知道她们做事靠不住。

坚忍，是女人克服一切困难的保障，它可以帮助年轻的女人成就事业，实现理想。

有了坚忍，人们在遇到大灾祸、大困苦的时候，就不会无所适从；在各种困难和打击面前，仍能顽强地生活下去。世界上没有什么东西可以代替坚忍，它是唯一的，不可缺少的。那些能成大事的女强人，没有哪一个不具有坚忍的品性！她们中有的人或许没有受过高等教育，或许有其他弱点和缺陷，但她们一定都是坚忍不拔的人。劳苦不足以让她们灰心，困难不能让她们丧志。不管遇到什么曲折，她们都会坚持、忍耐着。

以坚忍为资本去从事事业的女人，她们所取得的成功，比以金钱为资本的人更大。许多女人，尤其是年轻的女性，做事有始无终，就因为她们没有坚忍的毅力，使她们无法达到最终的目的。然而，一个能成大事的女人，一个坚忍的女人却绝非这样。她不管情形如何，总是不肯放弃，不肯停止，而在再次失败之后，会含笑而起，以更大的决心和勇气继续前进。

做事情，是否不达目的不罢休，是测验一个人品格的一种标准。坚忍是一种极为可贵的德行。许多人在情形顺利时肯随大众向前，也肯努力奋斗。但当大家都退出，或都已后退时，还能够独自一人孤军奋战的人，才是难能可贵的。这需要很强的坚忍力。

一个希望获得成功的女人，要始终不停地问自己："我有耐性、有坚忍力吗？我能在失败之后仍然坚持吗？我能不管任何阻碍一直前进吗？"

只有充分发挥自己的天赋和本领，才能找到一条连接成功的通天大道。一个下定决心就不再动摇的女人，无形之中能给人一种最可靠的保证，她做起事来一定肯负责，一定有成功的希望。因此，我们做任何事，一旦主意打定，就千万不能再犹豫了，应该遵照已经订好的计划，按部就班地去做，不达目的绝不罢休。举个例子来说：一位建筑师打好图样之后，若完全依照图样，按部就班地去动工，一所理想的大厦不久就会成为实物，倘若这位建筑师一面建造，一面又把那张图样东改一下，西改一下，试问这所大厦还有完成之日吗？成功者的特征是：绝不因受到任何阻挠而颓丧，盯住目标，勇往直前。世上绝没有一个遇事迟疑不决、优柔寡断的人能够成功。

获得成功有两个重要的前提：一是坚决，二是忍耐。人们最相信的就是意志坚决的人，当然意志坚决的人有时也许会遇到艰难，碰到困苦、挫折，但他绝不会惨败得一蹶不振。

女人要想具有这种成功品质，就要确定人生的目标，专注于你的目标，那么你所有的思想、行动及意念都会朝着那个方向前进。

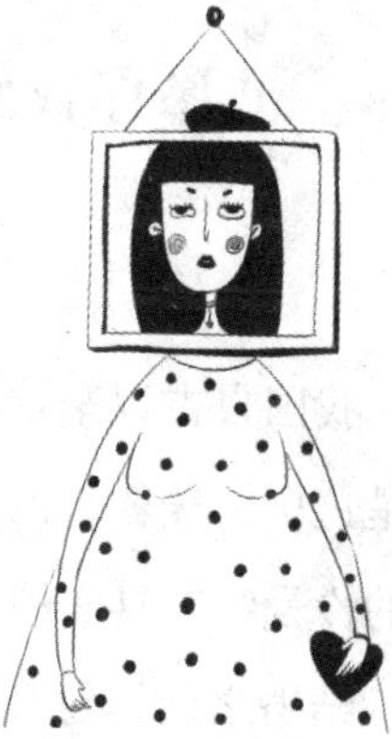

第六章
DILIUZHANG

他有他的清风醉酒，你有你的烈风追求

愿你找到自己，能爱人也有人爱

我国自古以来都以女人对男人的迎合、隐忍、谦和为美德，但是这样的美德真的就能如言情小说中描述的那样，可以换来男人的怜爱吗？真实的情况却是女人有多迎合，就会有多失败。

结婚之前，每个男人都会梦想能娶到一个内外兼优的完美女子。可当男人真正得到这样一个完美的老婆之后，幸福不了多久，便会陷入一种莫名的压抑情绪和一种无形的焦虑之中。缺陷是灵魂的出口。他在老婆身上找不出任何不是，可是心里就是不爽，总想变着法子找茬儿来惹怒老婆。而那些完美的老婆，她们总是十分迁就老公，无条件地满足老公。渐渐地，老公会发现自己有欠债一样的深深的内疚。他想回报她，可他做不到，也不知道怎么做。久而久之，这个男人就有了想挣脱束缚的冲动。于是，

婚姻中的出轨就开始蠢蠢欲动了。这就是现实生活中为什么越好的老婆越留不住老公的潜在首因。

女人一定要认识到男人的这一心理特点，把握好迎合男人的尺度，千万不可过度，因为你对他越好，他可能就越把一切当成理所当然的事情，你受到的伤害就可能越大。

白雪是一个很美丽的女子，老公是她的初恋，因为爱，她一直都在迁就他。从大学恋爱到结婚，一直如此。而他，则有着叫人不能反抗、永远是他对你错的嚣张气焰。他不喜欢她工作，她就得放弃工作在家带孩子。他不喜欢她的朋友，她就乖乖地一个朋友也不见，渐渐失去了一切朋友。每当他心情不好时，她都对他百般迁就与迎合，希望老公在自己的关爱与包容下，情绪会有所改善。可是，日子一天天过去，他的脾气非但没有改善，而且越来越大。在她稍稍不听话的时候，得到的就是一顿狂风暴雨式的武力伺候。

她纵然有一千个想法，也从来不敢表达。她努力地迎合公公婆婆，得到的却永远是白眼多于黑眼的冷漠。她不敢对老公说让公公婆婆搬走，只好继续默默承受着除了老公之外的公公婆婆的冷暴力。

她可以不说话，可以保持令人崩溃的沉默，把一切都放在心里。但却不曾料到，在这样的环境中，小时候非常活泼可爱的女儿居然也学会了迎合她的情绪。看到白雪哭的时候，她会用她的方式安慰妈妈，唱歌给妈妈听，说老师夸奖她之类的话，其实白雪知道老师并没有表扬她。孩子在学校非常自闭，没有朋友，常常一个人呆呆的不说话。这让白雪非常揪心。

9年的婚姻，9年的迎合，白雪从一个活泼快乐的公主变成了一个深度抑郁的女人，还影响到了孩子。虽然这跟双方的性格有关，但更是她一味迎合、纵容的结果。女人，是不需要活得这么痛苦的。相比起来，白雪大学时的好朋友红玫就是一个很潇洒的女人。

刚结婚的时候，她的老公经常出差，红玫每次都会跑去接他；老公懒洋洋地躺在沙发上看电视，等她把热乎乎的饭菜端上桌，把碗筷塞到他手上的时候，他才挑三拣四地开始吃饭。一会儿怪她没有给他做油焖大虾，一会儿抱怨她特地为他降火做的苦瓜太难吃，总之没一样是他满意的。

后来，老公再一次出差回来，红玫很意外地没有出现在车站。老公很生气，打电话过去质问她："为什么不来接我？"

"哦，你今天回来啊，可是，你并没有告诉我呀！"红玫故作委屈。

男人恍然，他已经习惯了红玫去接他，总认为这是理所当然的。不过，他的确忘了告诉她什么时候回来，只好忍住火气没发作。回到家，红玫居然还没做饭，老公正想发飙，红玫下巴一扬："有没有给我买礼物？"老公心虚地说："忘记了"。红玫把围裙塞给老公："既然没给我买礼物，就只好罚你做饭了！"说完，吻了老公一下就出去看电视了。

男人恨恨地看着红玫的背影："你真狠！"可手脚早已麻利地系上围裙，开始做饭。

无论是在爱情中还是在婚姻中，男人与女人永远都是一场博弈，只有对手相当了，生活才会充满乐趣。不要以为你对男人百依百顺就会赢得他的心。当男人觉得他完全能够操控一个女人的时候，也就是他漠视这个女人的时候。偶尔对男人好，才会让男人记得你的好。当男人真心对你的时候，自然希望你能有所回应，这时，你对他好一点，他当然会十分受用。但是女人要记住：千万不要让你的爱泛滥成灾，不要对他太好，否则他的爱会对别的女人泛滥成灾。

不要一味地顺从，留点个性给自己

爱情是美好的，爱情是浪漫的，爱情中的女人是绽放的花朵，恋爱中的女人是最美的，爱情是神圣而不可亵渎的。女人渴望爱情，追逐着爱情，但女人最容易在爱情中迷失自己。

爱情是美好的，爱有时候却是折磨人的，爱得撕心裂肺，爱得死心塌地。女人渴望能够爱他多一点，尽情地打扮着自己，留他喜欢的发型，做他喜欢吃的菜，按照他喜欢的样子打扮自己。

小敏喜欢上了一个男孩，处处听他的，男孩说一，小敏绝不会说二，男孩说往东，小敏绝不会往西。甚至有一次，男孩得意地和朋友打赌，说他要是说墨水是白的，小敏绝不敢说是黑的，结果自然是男孩胜了。小敏以为，对男孩百般的迁就退让，就能换回男孩对她全心全意的爱。

然而，事与愿违，小敏的迁就与依赖，却让男孩厌烦不已。不久，男孩就交上了另一个女朋友，小敏委屈地去质问男孩原因，男孩反而嚣张地说："我喜欢的，你就应该喜欢啊，所以你应该和我同样喜欢我现在的女朋友。"

此时，受尽伤害的小敏才明白，她的依顺从来没有赢得过男孩的尊重，更没有赢得男孩对她的半点真爱，她丧失自我的后果，只是任由男孩白白享用她的付出，最后再将她的真心百般践踏，一脚踢开。

真正的爱情不是建立在讨好对方的基础上，而是发自内心的喜欢，建立在彼此尊重、彼此平等的基础之上，而不是一味地去迎合对方，将自己的生活弄得"黑白颠倒"。有位作家曾在她的书中说道："当他要求你所做的改变让你感到不愉快时，你必须要有足够的勇气和智慧对他说：谢谢你的建议，但那样做有违我的本性。"她给了女性一个警告：不要在恋爱中迷失自己，女人要学会对他说"不"。

相爱是互相迁就，互相体谅，但绝不是无条件的顺从。只要他提出的要求是不合理的，你就要拒绝。拒绝也要讲究策略，要适时适量，尤其是他的那些"习惯"已经根深蒂固，如果你一下子改变态度，他会接受不了，很容易怀疑你对他的感情发生了改变。因此，你应该由弱至强，让他的心里有个适应和缓冲的过渡期，逐步逐条地改掉他的那些坏“习惯”。

当爱情来临时，很多女人恨不得向全世界宣布她的爱情。作家冰心说：“恋爱，在人生的旅途上，是不可避免的遭遇，它是一件和吃饭、穿衣一样很平常的事情。然而在当事人看来，简直是世间最稀罕、最神秘的一件事。他们可以为爱情舍弃一切，或远走高飞，什么名誉、学问、事业，他们全不顾及，只觉得两人的爱是伟大的、神圣的，谁也没有权力来干涉，谁也没有力量来阻止。他们仿佛像一对疯子，什么人也不需要，哪怕世界上没有一个亲戚朋友同情他，他们也觉得没有关系，甚至两人都穷得没有饭吃也不管，反正只要有‘爱’便行。”

恋爱中的女人有时是盲目的，在她的眼睛上，被蒙上了一层厚厚的爱情之网，让她失去了理智的判断，除了爱她什么也看不见，什么也不想。而实际上在爱人面前，你应该把你的思想、家庭状况以及你特殊的个性也告诉他，使他完全认识你、了解你，如果他是真的爱你，就一定爱你的坦白忠诚。否则，你把一切隐瞒起来，将来结婚之后，等到他发现你本来面目的时候，那将是你不幸婚姻生活的开始。

女人爱得真，爱得切，为爱执着，为爱憔悴，但一段幸福的爱情并不是给一个在爱中迷失了自己的人，知道自己是谁、爱自己的女人才能真正赢得别人的爱。

一举手，一投足，要的就是勾人心魄

英国哲学家培根说：“形体之美胜于颜色之美，而优雅的行为之美又胜于形体之美。”女人在男人心中的美丽，不仅是白皙光洁的皮肤、惊艳动人的绝色容颜，更在于她举手投足间优雅仪态的自然流泻。在男人的眼中，拥有优雅仪态的女人是一首雅致的诗，是一曲动人的歌，是一幅优美的画，是一本馨香的书，是一束艳丽的花，还是一瓶醉人的酒。总之，从来没有一个统一的答案。女人的美丽与高贵，浪漫与典雅，恬静与柔情，爽朗与活泼真是千娇百媚、仪态万方。

男人往往对举止粗鲁、不讲文明的女人嗤之以鼻，即使这种女人腰缠万贯，也没有人愿意把她们当上宾看待。但优雅的女人则不同，即使她们没有钱，即使她们没有什么名声，就凭她们的一举手、一投足所展现出来的魅力气质，便足以赢得男人的心。

很少有人不为女影星格蕾丝·凯利和奥黛丽·赫本的优雅气质所倾倒。格蕾丝·凯利的高傲、智慧和优雅，让她迅速蹿红，甚至使这位有着王妃气质的灰姑娘在后来成了真正的王妃。自此之后，其装扮言行愈加散发出高贵典雅之气。奥黛丽·赫本的优雅，则纯净而清丽，仿佛天上仙女般一尘不染，虽举手投足间仍有些稚气，却难掩那份与生俱来的优雅之气。

20世纪末，又有一位幸运得叫人嫉妒的好莱坞女孩冒了出来，她就是格温尼斯·帕特罗。这位并不漂亮的女子亦是以现代女孩少有的优雅而显得耀眼无比。高挑修长的帕特罗被认为具有高雅而不失现代的气质，其品位出众而时尚的衣着亦让人十分欣赏。就是这个五官平平的女孩，她的优雅简洁又透着些新时代随意风格的着装方式说明：脸蛋不漂亮的女人也可以美丽。

女人优雅的仪态像无形的精灵，紧紧吸引男人的感官，悄悄潜入男人的心底，留下难以磨灭的美妙印象。优雅的仪态是女人自身的文化教养、审美情趣和精神认知的结晶，并非一朝一夕能够练就。从此刻开始，抛弃你那些不雅的举止，做一位优雅的女神吧，优质男人的目光也就自然围着你转了。

如果为爱红了眼，就把往事一饮而尽吧

在爱情之路上，女孩最害怕面对的事情，就是失恋。特别是经历过一段深刻的感情之后，失恋如同撕碎了自己的心一般令人痛苦。聪明的女孩，如果你一直沉浸在以往爱情的美好回忆里，并且一直为了失去而感到难过，那么你的内心将会永远充满悲伤。相反，如果换个角度去想，也许感受就会变得不一样了。

没错，失恋对我们来说是一种损失，可是我们失去的不过是一个不爱自己的人，而对方失去的，却是一个深爱他的人，相比之下，谁的损失更大呢？

失恋虽然痛苦，但是不至于让我们悲观和绝望。因为失恋是我们的人生必修课，只有经历过一次刻骨铭心的疼痛，才会懂得珍惜，才能让我们在以后的爱情中变得成熟起来。

有人给米琪介绍男朋友，对方是一个高个子的帅气男孩，可是性格上有一些内向。米琪跟他见了面，整个约会的过程，两人都没说上几句话，气氛显得有些尴尬。约会结束以后，米琪就明确地表态了：我跟他不合适，绝对不可能成为男女朋友那种关系。

朋友听后觉得惊讶，对方条件那么好，怎么刚见了一面就觉得不合适呢？

米琪说："我以前交了一个男朋友，性格跟他差不多，也很内向。我本身就不是一个爱说话的人，有什么想法也不想及时表现出来，所以两个人在一起的时候，沟通很少。有时候，两个人的想法不一样，却因为大家都不说，常常惹出很多的误解，闹出很多矛盾，后来不得不分手。那一次的感情虽然结束了，可是从那以后我就明白了，以我的性格，找男朋友不能找一个性格内向的人，即使这个男生的条件再好。既然没办法好好相处，也不可能幸福，那么还不如及早结束。"

通过米琪的话，我们可以看出，以前失败的恋情，让米琪更加了解自己，也更明确什么样的男生能够给自己幸福。可见，失恋并不一定就是损失，在经历了痛楚之后，我们会更加了解自己，也更加懂得如何判断和珍惜新的恋情。

不可否认，失恋会给人们留下一段伤心的回忆，这个结局是不可避免的。那么，我们怎样才能在失恋中减轻自己的痛苦呢？

1. 比较疗法——比比谁最惨

看看灾难影片，感受里面那些生离死别的惨痛，参悟现实中还有很多令人悲怜的人和事。想一想在这个世界上，绝非自己一个人经历此痛，这样对比是否会觉得平衡一些？

2. "罪状"加强法——挖掘对方缺点

失恋后，可以擦亮双眼，清醒地翻翻旧账。想想对方的恶言劣行、寡义薄情，使自己越来越讨厌他，对他的态度就会越来越客观。

3. 思考中断法——转移注意力

失恋者情绪消沉、寂寞无助是正常的，但沉迷于往事中不能自拔就是不必要的了。一旦睹物思人，请有意识地“叫停”，中断回忆，将注意力拉回到现实中。

4. 建立信心法——自我快乐

失恋后，有些人会否定自我形象，甚至自信心也会发生动摇。其实，任何时候爱自己都应该是坚定不移的。改变一下发型、买两套新装，让新鲜艳丽带动自己的心情。失恋的日子，每过一天，就赞许自己一遍：事情并没有那么严重嘛，昨天都撑过去了，今天更没问题。偶尔有些寂寞，也要说服自己：一个人的生活也不算太坏，起码不必迁就对方，也不必为对方的喜怒而担心了。

5. 投入工作法——收之桑榆

恋爱是一件需要投入精力的事情，而失恋后一切复归，又可以全心专注于工作或课业了。化伤心为力量努力地“建设”自己，使自己成为具备更好条件和资本的优秀女人，还怕无人能识吗？做一个有心者，等待合适的机会吧！

6. 融入朋友法——恢复本色

恋爱期间“重色轻友”，现在恢复单身，还不趁此机会与老友们相聚，有谁会像老朋友一样了解你、包容你，又心疼你呢？跟他们在一起，你不用掩饰什么，没有空余去品尝失恋之后的苦涩，有助于你重新找回良好的感觉。

错过了，就放过

命运难测，一个小小的变数，就可以完全改变选择的方向。一个任性的转身，也许就是一辈子的错过。错过一瞬，错过一生。所以在还能够拥有的时候，还能够爱的时候，一定要珍惜，一定要争取和最爱的人相濡以沫。如若不能，就请放过。因为错过的一切如同错过的时光一样，无法找回。

人生中最令人惋惜的莫过于，因为错过了一棵树，而错过了整片森林；因为摘不到一颗星星，而放弃了整片天空。等年华不再才发现，因为错过一次，错过了所有。如果一个人能与你相濡以沫，一生只爱一个人，那是人生中最大的圆满。但是，如若一生只爱一个永远得不到的人，那只是一种激烈的偏执。

人在一生中可能会爱上很多人，等获得真正属于自己的幸福之后，自然

会明白以前的放弃其实是一种更好的得到。痛过了，才会懂得如何保护自己。傻过了，才会懂得适时地坚持与放弃。不能相濡以沫，就一定要相忘于江湖，否则，只会错过更多。

在《飘》里，斯嘉丽狂热地爱上了卫希礼。每次遇到卫希礼，她都恨不得把自己全部的热情都倾注到他的身上。她大胆地向卫希礼表达了自己的爱慕。卫希礼虽然承认斯嘉丽很吸引人，却认为玫兰妮更适合自己。卫希礼和玫兰妮结婚了，可斯嘉丽对卫希礼的爱恋依然执着，没有丝毫的减弱。因为对卫希礼的爱，她漠视了白瑞德对她的爱。尽管他们结婚了，尽管白瑞德非常爱她，她却始终感觉不到幸福，一直不肯对白瑞德付出真爱。直到白瑞德最终离开她的时候，她才发现：自己最爱的人居然是白瑞德，而卫希礼是那么的无足轻重。但是，一切都已经晚了。

很多时候，我们总是不自觉地把得不到的东西当作宝贝，却把容易得到的东西当成理所当然，不去珍惜，一错再错，结果错过更多。错过了，就一定要坚定地放过。与不爱的人相忘于江湖，才能有机会与相爱的人相濡以沫。有的东西你再喜欢也不会属于你，有的东西你再留恋也注定要放弃，别让爱成为一种伤害。

爱你，但我可以没有你

小尚说自己一直都是痴情种子，跟佳宁在一起6年了，从来没有想过放弃。大学的时候，两个人不在一个城市，有时半年都见不上一次面。周围的姐妹都忙着打扮约会，自己只能孤零零地躲在被窝里看小说。即使是这样，小尚也从来没有抱怨过，每次接到佳宁的电话，她都觉得自己很幸福。

转眼毕业了，两个人都在期望能够去往一个城市，可是造化弄人，佳宁南下，而小尚成了北漂一族，两个人的爱情再次受到了考验。虽说距离产生美，但是对于爱情来说，距离未必就是美。一年后，佳宁向小尚提出分手，两个人的爱情就此终结。

小尚说，跟佳宁分手

的日子，是她有生以来最难过的日子。她每时每刻都能回忆起两人在一起的点滴，就好像拿着显微镜一样，以前那一点点的甜蜜成为回忆里最大的幸福，可是幸福过后，就会是一阵难忍的疼痛。她始终不肯相信分开的事实，即使是自欺欺人，她也希望能够维持一种幸福的假象。可是，现实太过残忍，即使自己再怎么伪装，都无法改变既定的事实。

后来，小尚的身边多了一位男生。他叫宇航，喜欢小尚很久了，一直苦于没有机会。小尚和佳宁分手，最开心的人也许就是他了。人说，寂寞的女人最容易被攻陷。在宇航一番疯狂的追求下，小尚投降了，她接受了这段新的恋情。

“不是说自己忘不了吗？这么快就有新男朋友了？”身边的朋友这样打趣。

“是忘不了，可是宇航很诚心，我被他打动了。”小尚有些无奈，“我这么痴痴地等着佳宁，已经知道了等待的痛苦，我不想宇航像我这么难过。”

“好了，既然如此，就好好珍惜现在吧。”朋友见她有些伤感，就劝道。

“我也这么想。宇航挺好的，我应该珍惜他，可有时候还是难免伤感，得到一个人的快乐并不能弥补失去一个人的痛苦。”小尚说。

得到的快乐并不能弥补失去的痛苦，相信很多人都对这句话有深刻的体会。美国心理学家丹尼尔·卡伊曼曾经提出了人类决策的不确定性，即人类的决定常常会与根据标准理论做出的预测有很大差异。他说，在可以计算的范围内，人们对于失去的价值的估算常常是标准价值的两倍以上，也就是人们常常会夸大痛苦。当人们所得的东西比预期多的时候，可能人们会表现得很高兴，但不是很强烈。可是当人们失去的东西比预期多的时候，人们就会表现得非常愤怒和痛苦。也就是说，人们在对待得到和失去的时候，情绪是极其不对称的。相比之下，人们更在意失而复得的东西，因为占有的时间越长，失去后的痛苦越大。

对于爱情，更是如此。面对分手，脆弱的女人常常乞求对方："我爱你，真的不能没有你。"其实并不一定是不能没有对方，而是考虑到一旦失去对方以后，自己曾经付出的感情就没有了，自己的苦心经营也都白费了，因此心有不甘。所以，面对分手，更多的痛苦不是来自对方，而是在于自己。

两个人在一起的时间越长，就越觉得分手以后对自己是一种亏欠，心里也就越痛苦。一个人一旦动了真情，即使以后会遇到更好的选择，也往往会守住现在。因为人们不是在割舍对方，而是在割舍自己，割舍自己曾经投入的岁月和真情。但是爱情不是一成不变的，当眼前的割舍对未来非常有利的时候，倒不如主动舍弃。

再者，痛苦如浮云，时间总会将所有的忧伤带走。即便面对失恋，我们也完全可以对那个男人说：我爱你，但我可以没有你。只要自己放过了自己，那么失恋的天空也可以是晴朗的。

在爱情里全身进退

“全身进退”，意思是说，无论在什么状况之下，都能在付出的时候全心全意，在放弃的时候了无牵挂。这是爱情的理想境界，是很多女孩都应该学习的一种爱情观，但是现实生活中，这种洒脱，却不是每一个人都能够做到的。

我们面对感情的时候，总是有太多的顾忌，不能全身心地投入。身边的人说了什么，对方身边的人会怎么看自己……我们总是担心着别人的眼光，担心着现实的矛盾，担心着还不确定的未来，甚至生活里的一个小小的细节，也能成为我们全心全意付出的障碍。

时间一分一秒地流逝，我们的精力却常常耗费在了那些莫须有的担心上。于是，内心渴望的百分百的热情，就这样被那些无聊的顾虑消耗掉了。激情没了，浪漫没了，感情自然也淡了。可是，下一次，或者下一次的下一次，我们在面对感情的时候依然满脸无奈，节制地用情，精明地计算着每一件可能引起损失的事情。

有一个叫雅兰的女孩，长得很漂亮，也很聪明。她有一个很爱她的男朋友，每一天，他都会去接她下班，之后带着她去吃她最喜欢的食物。

雅兰从小身体就不好，空调一吹就会感冒。为了能够让她休息好，她男朋友总是用扇子给她扇风，直到她睡着了，他才离开。从她家到她男朋友家，这之间的路很长，有时候她到了时间还不肯乖乖地睡觉，他就只能等着。回家的时候，外面早已经没有了公交车，他只好走路回去，到家已是深夜……

有这样疼她的男朋友，按理说，雅兰应该很开心才是。可是，她总是有很多顾虑，觉得他对自己太好了，总是给人一种不真实的感觉。于是，雅兰对这段感情的付出越来越少，到了后来，她只是在享受他对她的爱。

她在自己的日记里写道：“我正在一点一点地减少对你的爱，因为我正在享受。当我冷落你的时候，不要停止你对我的好，要比原来多爱我一点，再多爱我一点……这样，即使有一天我们分开了，我也不会因为现在没有得到你更多的爱而遗憾，而你，将会为了你曾经过量的付出而感到难过吧……”

聪明的雅兰，在彼此深爱的时候，就

开始算计，希望从对方身上多得到一些爱，而自己则想少付出一些。也许是因为太在乎，也许是害怕自己受伤，但是这种带着算计的感情，让雅兰不能全身心地投入到爱情中。

就在雅兰精心地算计着她的爱情的时候，男友已经意识到了她的变化。想着自己为她做了那么多的事情，她却不曾给予自己同样的感情，而且她变得越来越自私，心里只想着她自己。每次想到这些，他的心里就很难受。终于，他不堪这种没有回报的爱情，提出了分手。

雅兰以为自己会很洒脱，因为还在热恋的时候，她就已经为自己计算好了一切。可是，当男友抽身离开的时候，她才发现，原来自己早已经习惯了他的爱，习惯了有他在的日子，她对他的爱根本就不是那么浅的。原来，内心的感情是没有办法算计清楚的。

付出的时候不能做到全心全意，最后受伤的就只有自己。而当爱情走到了尽头，我们需要全身退出。因为，此刻的留恋，只会让自己更加痛苦。

所以，在爱情里的“全身进退”，就是在爱他的时候全心全意，没有半点保留，当他从爱情里抽身离开的时候，我们也要了无牵挂地撤离，千万不要回头，更不要在自己伤心无助的时候，妄图扯住他的衣襟。

不合时宜的爱，绝情才不会绝望

该相爱的人不曾相爱，是人生一大憾事，但是不该相爱的人相爱了，也未尝不是一种痛苦。

在生活中，总有女孩爱上已婚的多情男人。开始，女孩可能是拒绝的，她们的态度可能冷若冰霜，或者动用了各种手段希望男人死心，可是男人非但没有停住追逐的脚步，反而变本加厉：送礼物，传达问候，约吃饭……经历尚浅的女孩，终于经受不住诱惑，对多情男人臣服了。

可是，这样的男人就是可以让你依靠一辈子的好男人吗？眼前的体贴会是一辈子的承诺吗？他对你的好，必定是建立在对另一个女人不好的前提之下的；他守在你的身边，必定是有另一个女人独守空房的。这样的男人再好，也是要打折扣的。

多情的男人未必重情。女孩如果爱上了这种多情男人，就等于是爱上了一场灾难，因为这种不合适的恋爱，是一种注定的情债，总会有让女孩绝望的那一天。

如萍爱上那个男人的时候，身边的朋友都劝她慎重考虑，他早已是别人的丈夫了。可是如萍不听，她信誓旦旦地说："我就要看看，谁才是最后的大赢家。"于是，她像一个斗士一样披挂上阵，开始跟那个男人的妻子明争暗斗。

男人是个表象动物，开始的时候把你当成情人，那么在他的印象里，你始终都是情人。在跟如萍百般恩爱以后，他说的始终是那句一成不变的话："我要回家了。"在他的心里，家是一盏灯，那里有他可爱的儿子，是他最安全的角落，如果不回，就如同在外面流浪一般让他没有归属感。可是这句话在如萍听来真是心如刀割。她一次又一次地被伤害，一次又一次地恢复坚强。她常常哭泣，也学会了在哭泣后为自己擦去眼泪。她想，我还是有资本的，年轻、漂亮、聪明，怎么可能胜不过那个黄脸婆？

为了在爱情的战役中取胜，如萍让自己变得更加妩媚，她如同一只妖艳的狐狸，在千娇百媚中显露自己的魅力。但是同时，她也修炼了贤惠：从来不做饭的她，开始试着下厨。她学会了做锅包肉、水煮鱼……这些都是他最爱吃的菜。后来，她怀孕了，她让那个男人做出选择，是要自己和孩子，还是那个黄脸婆。

男人在她眼中读出了决绝，终于承受不住压力，跟妻子提出了离婚。可是妻子不同意，骂他忘恩负义，骂他狼心狗肺。他的家人和朋友都跟妻子结成了同盟，一起把矛头指向了如萍，骂她是狐狸精，是破坏别人家庭的罪魁祸首。

面对这些指责，如萍毫不在意。她相信自己，更相信自己的爱情，所以她甘愿耗着。终于，男人的妻子觉得这场战役内耗太大，主动退出了。她诅咒般地说："我看你能乐到什么时候，总有你哭的那一天。"男人带着负罪般的心情送走了他的前妻，顺带送给了她一半的财产。这些如萍都不在乎，她不想要钱，只想要爱情，她要用事实证明，自己才是胜利者，从此，将不会再有人能取代她的位置，她才是这场爱情战役里真正的胜利者。

终于做了男人的新娘，如萍却没有想象中那么兴奋。她觉得累，她的婚姻也没有得到别人的祝福，只有责骂和诅咒。她像是一个迷路的孩子，在爱情的路口迷失了方向。

结婚没过多久，如萍就满脸疲倦。她准备把孩子打掉，好友问及理由，她说："之前那么费力地争取，到手了才知道原来很平庸。他的心里始终对前妻怀有愧疚，还要抚养前妻的孩子，我受不了这种爱情。"如萍说这些话的时候满眼哀愁，叹道："以前以为只要争到手了就是幸福，可是付出了那么多，不仅伤害了自己，还破坏了一个原本幸福的家庭，我好后悔啊！"

爱上已婚男人，就好像是爱上一场灾难，不管你花费多少心思，到最后都只能以绝望收场。所以，聪明的女孩，在开始面对这种多情的已婚男子的时候，就应该表现出最绝情的一面，将这种不合适的爱情扼杀在摇篮当中，避免自己在以后的日子里受到伤害。

他劈腿了，你更要好好过

若干年前，活泼可爱的“黄蓉”翁美玲为情自杀，很多女人在听到这个消息之后不禁感慨：男人啊，就是靠不住。

不管别人的感情给了我们多少启示，我们因其他人的恋爱悲剧怎样欷歔感叹，当我们走进感情的世界，也可能会变得不够理智，从别人那里学到的经验和技巧，一时间都不能发挥出理想的作用。

有句话说：“给你一点阳光，你就春光灿烂；给你一个微笑，你就感情泛滥。”这就好比经济学中的“乘法效应”。两个深陷爱河的人，眼睛里看到的都是“爱”。对方给予一个笑脸，你就认为是对自己的肯定；对方给予一种忧伤，你也会认为是在为能否给自己幸福而担忧。只要一牵手，就能想到一辈子：结婚，生孩子，白头偕老。唱着周惠的《约定》，憧憬着《最浪漫的事》，也许两个人的幸福，就是在走不动的时候还能彼此相扶吧。

经历过爱情的人，都想沉浸在幸福里。哪怕那只是一场春梦，也不愿意从中醒过来。所以，当面对分手的时候，总是想要将时光逆转，从当前的撕心裂肺的痛苦中回到以前的甜蜜。可是感情就像人的身体一样，会疲劳，也会生病。每一段感情都多多少少有些病症，只是有些比较轻，有些比较重。发现的时候，我们可以给它吃药、打针，甚至动手术，想尽办法要让它恢复健康。可是如果它已经进入了绝症的晚期，那又能怎么办呢？

分手的人，总会以为自己处在了悬崖边上，不会再有人将自己拯救，于是很多人那么轻易地就放弃了自己的生命。可是谁不是在黑暗中独自舔舐自己的伤口，又在白天里坚强地欢笑？

宋丹丹说："时间是一种残酷的东西，它把曾让你心碎、让你长眠、让你坚定不移地确信永不更改的生活变成一个个梦，似真似幻，遥远而模糊，而人永远生活在今天，今天才是现实。"既然时间能够带走一切，那些曾经让你难过、让你心碎的情感也终究会成为一串记忆的风铃，那么，何不在面对的时候多一点坚强、多一点洒脱呢？

千里我独行，不必相送，更不必再用多余的暧昧牵绊住分离的脚步。遇到合适的人，尽管可能押上了自己的全部，可是当苦痛来临的时候，也要活出自己的坚强。

要挽回一个变心的男人，有时候比重新爱上一个男人更难。他已经把我们推入痛苦的深渊，就别再指望他能发善心把我们救上来。这个时候，最好的方法就是放下那根折断的稻草，重新抓住一根自己爬上来。

死亡不是对负心情人最好的报复，放弃自己也不会赢得更多的怜悯。在面对新人的欢笑时，他早就把对你的内疚忘到脑后去了。如果我们想在那个负心的人面前活得有尊严的话，唯一的方法就是让自己更幸福。

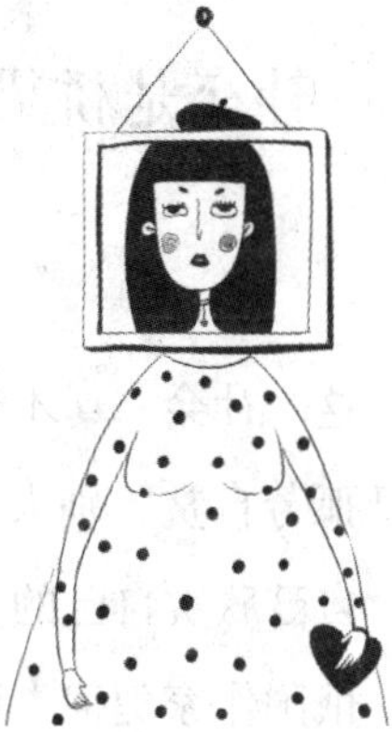

第七章
DIQIZHANG

世界那么大，会交际的姑娘运气都不会差

社交是桥梁，让你接触到更广阔的世界

这个社会，真才实学是一定要有的，但是如果只有真才实学，自己孤芳自赏，别人看不到你的光华，你也只能活在自己的世界里，自己欣赏自己的美。

俄国作家契诃夫说过：“不和男人交际的女人渐渐变得憔悴，不和女人交际的男人渐渐变得迟钝。”与人相处，是女人生命的亮点。它不仅能照亮女人，也能让身边的人感到光彩夺目。崇尚社交是女人的天性，女人对交际有天然的敏感。男人的社交重心在于事业，女人社交的重点更多地体现在情感上。社交中的女人是“香气四溢的花朵，自然有蜂儿像云一样地聚集”。

“请学会社交吧，因为你的面前是成群的职业高手！”这是美国著名女性专家波尔·特丝对现代女性的一句忠告！交际是人类的基本需要，没有社交的女人是可怜的，没有女人的社交更是可悲的。随着社会的进步，女性参加社会活动的机会越来越多，女性从社交中获得的益处也越来越多。对一个人的人生而言，群体活动是其中的重要环节，人生就是在各种各样的群体活动中度

过的。

1. 社交对于女人是大有裨益的

（1）在社交中展现自我

社交给了女人一片辽阔的展现自我的天空，女人也因为参与社交而变得更加聪明和豁达。德国著名哲学家叔本华曾说：“人的社交，根本不是本能。也就是说，并不是爱社交，而是怕孤独。”而女人恐怕是最害怕孤独的动物了。在纷繁的世界里，女人如此渴望朋友、事业和爱情，如此期盼理解、认可和尊重。社交是女人获得心理平衡的重要途径。

（2）在交际中沟通感情

情感沟通是交际得以维持并向更密切关系发展的重要条件。女人在交际中多“输出”一些感情，就可能多收到一分回报，同时情感交流使得交际更有进展。

（3）在交际中满足需求

人类交往的目的是使社会成员实现个人需求，完成社会赋予的责任。因此，女人在社交中必须获取大量他人的经验和物质、精神力量，满足自身需求和弥补不足。

（4）在交际中获得生存

人类的发展影响着劳动的分化，每个人用自己的劳动为社会做贡献，同时又从社会中享受他人劳动带来的成果。没有交际，就没有劳动成果的交换，就没有现代化水平的生活。

（5）在交际中发展个性

现代心理研究表明，女性个性的构筑明显地纵横着交际的经纬。人的交际十分醒目地涂抹着个性的色彩，反过来，在交际过程中个性的调色板会沾上社会交际的颜料。

（6）在交际中寻求友谊

女人寻求友谊的高峰，同心理上的断乳期相伴随。特别是青春期后，自我意识加强，对友谊的渴求愈加强烈，对交际的需求也就与日俱增。

2. 建立持续而健全的人际关系

（1）要确立人脉系统的目标

一定要为你的人脉系统确定一个关键的目标，不能漫无目的地到处寻找。你的人脉目标定得越具体，你的关系网就越容易被联结起来。所以，一定要将你的愿望确立为一个可以用语言形容出来的具体目标，当你向这个人脉目标前进时，才能交到对自己有实际帮助的朋友，为自己未来的道路奠定下人脉基础。

（2）要积极参加各种活动

每项活动都会为你提供扩大社交圈的机会。你可以事先思考一下，你希望认识哪些人，然后收集一些可以参与这些人交谈的信息。要尽量适应环境，因为如果你要求自己至少要和 3 个以上的人攀谈的话，就算是无聊地站在那里应酬也会令你感到紧张。只有多参与各种活动，被别人信赖的机会越高，才越有可能随时把自己推销出去。同时，积极参与各种活动还能获得同行的知识与经验，使自己成功的脚步更稳健、更扎实。

（3）把你的愿望告诉别人

不管你是想找一份新工作还是想买一台便宜的电脑，如果你并不知道谁能够帮助你，自我广告就可能派上用场。将你的愿望告诉所有你碰巧遇到的人，自己的口头广告肯定会让你受益匪浅。

（4）积极利用各种集会时间

活动前、讲座休息时或者是在午餐时，你都不要置身事外。你可以充分利用这些时间，结交一些你的同事、领导以及你身边不熟悉的人，因为事业的成功也可以是在下班时间取得的。

（5）注意收集信息

在与人交谈时，仔细而且积极地倾听，并且通过提问，还可以让谈话朝着你希望的方向发展。为了你事业的发展，应该收集一些联系方式和值得了解的信息。

与人交往、与人交朋友并不是一件难事，只要你能敞开自己的心扉。女人身上会有一些天真纯洁的影子，这对于在社会上混迹已久的人来说更是一种难得的亮点。很多人很喜欢和年轻人交朋友，来寻找或纪念自己逝去的青春年华，所以，女人要好好利用自己的这笔财富。

“语”众不同，从第一次见面开始

在我们的一生中，经常可以遇到这种情况：必须和一群不认识的人打交道。打破与他们之间的界限，消除无形的隔膜，顺利把自己的意见和思想传达、灌输给他们，使他们能欣然接受，赞成拥护，甚至把他们变成自己的朋友。要做到这些需要不凡的智慧。

威尔逊刚当选新泽西州州长后不久，有一次赴宴，主人介绍说他是“美国未来的大总统”，这本来是对他的一种恭维，而威尔逊又是怎样回应的呢？首先威尔逊讲了几句开场白，之后接着说：“我转述一则别人讲给我听的故事，我就像这故事中的人物。在加拿大有一群钓鱼的人，其中有位名叫约翰逊，他大胆地试饮某种烈酒，并且喝了很多。结果他们乘火车时，这位醉汉没乘往北的火车，而错搭了往南的火车。其他人发现后，急忙打电报给南开的列车长：‘请把那位叫作约翰逊的人送到往北开的火车上，他喝醉了。’约翰逊既不知道自己的姓名也不知道目的地是哪儿。我现在只确定知道自己的姓名，可是不能如你们所说的一样，确实知道自己的目的地是哪儿。”听众哈哈大笑。威尔逊接着又讲了一个滑稽的故事，使听众们心情非常愉快。从此，威尔逊的名声大振。

我们每一个人都应当学会与不认识的人拉近距离，让别人觉得与你“一见如故”，因为：

（1）第一次和别人打交道时，双方都不免有些拘谨，有些隔阂。如果能有人主动、大方地打破这层隔膜，对方也能很快融入进来，这种假的“一见如故”在双方看来，就变成真的一见如故了。

（2）很多时候你只和一些人“擦肩而过”，但世界如此之小，说不定什么时候就会需要他们帮助。到那时，你曾经跟他“一见如故”的交往，会给你带来丰厚的回报。

当你有机会预先知道你将认识的一位陌生人时，你就要预先向你们双方都认识的朋友，探听一下对方的情形。关于他的职业、兴趣、性格、过去的经历等，你能够知道得越详细越好。不过，在某些方面，你要提防，你的朋友或许对这位你将认识的人有偏见。

当你走进这位陌生人的住所时，你要善于观察，看看能不能找到一些线索使你对他了解得更多一点。在主人家的墙上，常常会找到了解对方的线索。要知道墙上的装饰，不同于那些笨重的桌椅家具。一般的家具往往不是完全根据主人的口味购置的，也不是随时可以更换的。可是墙上、桌子上、窗台上那些装饰、摆设，却常常展示着主人喜爱的情调、兴趣的中心。如果你能把这些当作线索，不仅可以由此深入主人心灵的某一方面，同时也可能使你自己对人生、对世界增长一些见识。只要你能留心观察，无论是新交，还是旧识，你都可以发现主人精神世界里许多宝贵的东西。

而你的这些认识，无疑会使你与对方的初次见面相当愉快。因为一开口，你就能抓住对方的胃口，让他感觉与你实在是一见如故，从而对你另眼相看。

好女人好到心上，坏女人坏在嘴上

在生活中，有很多事情会让你为难。做事情时，别人的请求可能会让你觉得过分；交谈时，对方的话语可能会让你难堪……这个时候，已经有了情绪波动的你，第一反应就是反击，想要给别人同样的尴尬难堪，让他们清楚，他们的做法已经伤害到你了。所以，不管是无意还是有意，人们都必须为自己刚刚做过的事情付出同样或者加倍的代价。

人们常说，好女人好在心上，坏女人坏在嘴上。给别人一个台阶，让他清楚自己做得不对，不要再继续下去了，就可以了。大部分人都不愿意在生活中到处树敌，所以，即使偶尔对你造成了伤害，也可能是无意的。

给别人面子，往往也是给自己面子。人无完人，谁都可能做错事情。你原谅了别人的错处，他也会以同样的方式对待你，不去计较你的过错。那么，怎样才能给别人台阶呢？这里有一些恰到好处又不失礼节的小技巧：

1. 态度上要表现得友好、热情

一位青年作家想同某大学的一位教授交朋友，以期今后在文学艺术创作和理论研究方面携手共进。作家热情地说："今晚六点，我想请你在海天餐厅共进晚餐，我们好好聚一聚，你愿意吗？"不凑巧的是，这位教授正在忙于准备下星期学术报告会讲稿，实在抽不出时间。于是，他微微地笑了笑，又带着歉意说："对你的邀请，我感到非常荣幸，可是我正忙于准备讲稿，实在无法脱身，十分抱歉！"他的拒绝是有礼貌而且愉快的，但又是那样干脆。

2. 让对方知道不是他一人被拒

某造纸厂的推销员到某大学推销纸张，推销员找到他熟悉的总务处长，恳求他订货。总务处长彬彬有礼地说："实在对不起，我们学校已同某造纸厂签订长期购买合同，学校规定再不向其他任何单位购买纸张了。我也应按照规定办事。"因为总务处长讲的是任何单位，就不仅仅是针对这个造纸厂了。

3. 拒绝之前要表明你对他的同情

黄女士在民航售票处担任售票工作，由于经济的发展，乘坐飞机的旅客与日俱增，黄女士时常要拒绝很多旅客的订票要求。她总是带着非常同情的心情对旅客说：“我知道你们非常需要坐飞机，从感情上说我也十分愿意为你们效劳，让你们如愿以偿，但票已订完了，我实在无能为力。欢迎你们下次再来乘坐我们的飞机。”黄女士的一番话，让旅客也不好再提出什么异议了。

4. 对于难缠而麻烦的对手，暗示你对他的漠视

称呼名字，表示双方关系的密切程度，代表对对方人格的尊重程度。如双方见过面，对方却记不起自己的名字，就表明他没有把自己放在眼里。

若是不想答应对方的要求，而对方却死死纠缠，也没有顾及太多礼貌，你可以故意假装不知道对方的名字，暗示他的事包括

他本人对你来说都不重要。这是一种实用的心理技巧，对于惹人厌烦或有意轻视疏远的对象，就故意问：“啊，我忘记了，你的名字叫什么？”但要小心使用，这种问法，会给对方以相当大的打击。

拒绝他人时，要给对方留个台阶做退路，最好避免将“不”字直截了当地说出口。

做只会唱歌的百灵鸟

美国小说家马克·吐温曾说过：“只要一句赞美的话，我就可以充实地活上两个月。”喜欢听好话、受到赞美是人的天性。每个人都会对来自社会或他人的适当赞美，感到自尊心和荣誉感的满足。当我们听到别人对自己的赞赏，并感到愉悦和鼓舞时，不免会对说话者产生亲切感，从而使彼此之间的心理距离缩短、靠近。人与人之间的融洽关系就是从这里开始的。

法国总统戴高乐1960年访问美国。尼克松为他举办了一场宴会，会上，尼克松夫人精心布置了一个美观的鲜花展台：在一张马蹄形的桌子中央，鲜艳夺目的热带鲜花衬托着一个精致的喷泉。精明的戴高乐将军一眼就看出这是女主人为了欢迎他而精心设计制作的，不禁脱口称赞道：“女主人为举行一次正式宴会，要花很多时间进行这么漂亮、雅致的计划和布置。”尼克松夫人听了，十分高兴。事后，她说：“大多数来访的大人物要么不加注意，要么不屑为此向女主人道谢，而他总是想到和讲到别人。”在以后的岁月中，不论两国之间发生什么事，尼克松夫人始终对戴高乐将军保持着非常好的印象。

可见，一句简单的赞美他人的话，会带来多么好的反响。

聪明女孩不妨学做一只会唱歌的百灵鸟，经常说些好听的话。因为，每个人都希望获得别人的赞美，没有人喜欢遭到别人的指责和批评。赞美的好处不胜枚举，可是，生活中却常常有年轻女孩吝啬这么做，这种女孩理所当然无法得到良好的人缘。有人说“吝啬赞美是最大的吝啬”。赞美一个人你不必损失什么，只要动动口就行了，连这点小事都不愿做，甚至故意对别人的优点视而不见，这种人除了引起别人的厌恶，根本不可能获得别人的真心认可。

赞美是一种良好的修养和明智的选择。赞美是人际交往中最便宜的“投资”，它投入小、回报大，是一种非常符合经济原则的行为方式。对领导的赞美，能让领导更加器重你；对同事的赞美，能够联络感情，使彼此合作愉快；对下属的赞美，能赢得下属的忠诚，增强他们的事业心和创造力；对商业伙伴的赞美，能赢得更多的合作机会，赚得更多的利益；对男友或丈夫的赞美，能使两人之间更加甜蜜；对朋友的赞美，能赢得崇高的友谊。

赞美的话不仅要当面说，更要背后说；而且背后说别人的好话远比当面恭维别人或说别人的好话，更让人觉得可信。因为你向一个不相干的人赞美他人，一传十，十传百，你的赞美迟早会传到被赞美者的耳朵里。这样，你既博得了他的尊重，也赢得了大家的信赖。

《红楼梦》中有这么一段描写：

史湘云、薛宝钗劝贾宝玉做官为宦，贾宝玉大为反感，对着史湘云和袭人赞美林黛玉说："林姑娘从来没有说过这些混账话！要是她说这些混账话，我早和她生分了。"

凑巧这时黛玉正来到窗外，无意中听见贾宝玉说自己的好话，不觉又惊又喜，又悲又叹。

在林黛玉看来，宝玉在湘云、宝钗和自己三人中只赞美自己，而且不知道自己会听到，这种好话就是极为难得。倘若宝玉当着黛玉的面说这番话，林黛玉很可能会认为宝玉是在打趣她或想讨好她。多在第三者面前赞美一个人，是你与那个人关系融洽的最有效的方法。假如有一位陌生人对你说："某某朋友经常对我说，你是位很了不起的人。"相信你的感动之情会油然而生。那么，我们要想让对方感到愉悦，就更应该采取这种在背后说人好话、赞扬别人的策略，因为这种赞美比一个人当面对你说"我是你的崇拜者"更让人舒坦，更容易让人相信它的真实性。

生活是个沉闷的男人，要用幽默来调情

美国一位心理学家说过："幽默是一种最有趣、最有感染力、最具有普遍意义的传递艺术。"幽默的语言能使社交气氛轻松、融洽，利于交流。人们常有这样的体会，疲劳的旅途中，焦急的等待中，一句幽默话，一个风趣故事，能使人笑逐颜开，疲劳顿消。

杨澜在主持《正大综艺》时，语言风趣幽默，很受观众好评。有一次，她的一位搭档夸张地说："只要提到位于北极圈的加拿大，身上就会冷得直打哆嗦。"杨澜接过话头，更加具体、形象地说："我也听说，有两位加拿大人在室外说话，因为那里天气冷得出奇，话一出口就冻成冰碴儿了，所以很快用手接住，进屋用火烤了才能听见说了些什么……"杨澜的幽默，使演播厅的气氛更加轻松、活跃，电视机前的观众听了也禁不住捧腹大笑。

这种幽默的谈吐是杨澜知识丰富、才思敏捷的直接表现。

一个女孩如果善于创造幽默，不仅可以让自己在生活中如鱼得水，左右逢源，更能笑对人生、豁达处世。

幽默是女孩的思想、知识、智慧和灵感的结晶，幽默风趣的语言风格是女孩的内在气质在语言运用中的外化，在公关交际中有很重要的作用。

不懂幽默的女孩，就像绿叶中缺少红花一样没有情致。

所以，要想做一个聪明女孩就要注意培养自己的幽默感，掌握幽默语言的艺术，努力使它成为自己的知识和本领。

（1）注意丰富自己的幽默资料。看得多了，听得多了，拥有的幽默资料多了，运用幽默语言的能力自然会得到提高。

（2）注意从别人的幽默语言中体会幽默的要领。仅仅是从抽象的概念中学习幽默的要领，往往是不深刻的，只有结合大量的幽默语言实例进行深入体验，才能深刻理解幽默的要领，使自己对幽默语言运用自如。

（3）注意从别人的大量幽默语言实例中启发思路。运用幽默语言，要有独特的思维方式，要有借题发挥、创造幽默语境的技巧，而且要求反应敏捷、思路明快，这些从幽默语言实例中都能体验出来。

（4）多找机会应用。实践出真知，幽默语言的修养也是这样。从书上学来的幽默语言知识，只有经过自己在实践中练习和运用，才能变成自己的东西。而且，在实践中练习和运用幽默语言，也能加深对幽默的理解，丰富幽默知识，这本身也是一种学习，是书本学习的继续和深化。通过多练习多运用，能有效提高使用幽默语言的水平。

（5）幽默只是手段，并不是目的。不能为了幽默而幽默，一定要根据具体的语境，选用恰当的幽默话语。另外，人的才能不一样，有的人会幽默，有的人不会幽默，不会幽默的，则不必强求。故作幽默，反而会弄巧成拙。

社交活动中，懂得幽默的女孩，就好像一只翩翩起舞的蝴蝶，可以吸引众人的目光；懂得幽默的女孩，又好像一支美丽的画笔，摒弃了生活的枯燥，为沉闷的氛围增添了一抹亮色。

在五个交际圈中翩翩起舞

人海茫茫，要寻找和发掘有限的交际资源，你应从何处着手呢？你可以把每日接触的人划分为几个部分，找出每个部分的特点，如果能找到这些特点的规律，并且能找出一个共同处理的法则，你就能成为交际能手。许多人一生逃不出五个交际圈。

1. 血缘及家庭交际圈

血缘及家庭交际圈是指由于血缘的关系，或者法律规定所结成的夫妻关系所处的交往范围。在五个交际圈理论中，血缘及家庭交际圈是最重要的一个。在这里面，有夫妻之间的关系、兄妹之间的关系、父子之间的关系、母女之间的关系、亲戚之间的关系等。在血缘及家庭交际圈中，人际关系非常重要，夫妻之间的相爱、兄弟姐妹之间和谐的往来、父母子女之间和睦的相处，都可以对你的事业和人生起到积极的促进作用。

有的人在单位里可能工作得很出色，但在组织当中所得到的人际关系的满足和荣耀，取代不了他在家庭生活中人际关系不和谐给他带来的痛苦。所以他不愿意下班，每当回到家里，他就好像走进地狱一般。家庭关系紧张，给他带来了很大的烦恼。当辛苦了一天，回到家迎接你的是一个宽松和谐的环境，你自然能消愁解闷，养精蓄锐，信心百倍地迎接新的一天。所以，一定要珍惜和妥善处理好这个交际圈，它不仅能给你带来工作上的收益，而且最能影响你的情绪，激发你的斗志。

2. 组织交际圈

不管你是为国有企业服务，为私营企业服务，为外资企业服务，还是在政府机构、事业单位工作，在这种正式群体或组织中的交往范畴叫作组织交际圈。这个交际圈在五个交际圈中处于非常重要的地位。

同事之间的关系、上下级之间的关系、推销员与客户之间的关系都是组织交际圈中的组成部分。在组织交际圈中能和谐友好地相处，可以给你提供一个有利于工作的人事环境。你能否得到他们的信任，则取决于你能否在这个交际圈中与他们建立良好的人际关系，以及你们之间的交往是否顺利有效。

3. 地缘交际圈

人们由于空间、地理位置的邻近所形成的交往范围叫作地缘交际圈。在这里面，有邻里关系、社区关系、乡里关系。若处理不好这些关系，会影响正常生活。处理得当，会带来很多方便。所以，地缘交际圈对我们来说也显得特别重要。一个热情的招呼、一个友善的微笑，都会换取对方的好感，进而为自己赢得好名声。

4. 舆论交际圈

在你与大众交往中，你的形象往往是通过公众的评价和舆论形成的，有关这一整体形象的舆论传播就构成了舆论交际圈。

在传媒日益发达的今天，这个交际圈变得异常重要。你也许会去评价一个不认识的人，虽然你跟这个人没见过面，也不认识，但通过别的媒体听说过他。同时，你也可能被一个没见过，却听说过你的人评价和关注。

5. 业余交际圈

工作之余基于共同的兴趣、共同的爱好而组成的这种非正式群体交往范畴叫作业余交际圈。各种形式的沙龙、俱乐部、私下交往等就是这种非正式群体交往的有效方式。我们在单位里会有一些相处融洽、合作愉快的上级、下属，但这种组织交际圈中合作愉快的上下级关系、同事关系不能等同于业余交际圈中的朋友关系。

一般来说，领导与下属的关系、同事之间的关系是建立在工作与利益基础之上的，不是以单一的情感为基础的。业余交际圈中的朋友关系，才能给你真正的友情，靠心与心之间的距离来维系。所以，在工作岗位上再有成就的人，他也需要向业余交际圈中的知心朋友倾诉自己的情感。

很多人不会把许多时间放在业余的社交活动上，可一旦你出入社交场合，就应该加倍珍惜这些机会，在业余时间不断拜访一些各界名流和前辈，从他们的宝贵经验和教导中获得有益的启示和技巧。

现实生活中，我们被众多爱我们的人、恨我们的人，以及素昧平生的人包围着，他们形成一个强大的网络把我们紧紧罩住。有时我们可以理清头绪，有时我们却被这个网络紧紧束缚，无端生出许多烦恼。聪明的女孩少有这些烦恼，她们可以“圆滑”而得体地处世，潇洒而自然地生活。这是为什么呢？秘诀就在于：她们用好了这五个交际圈。

请提高你的交友标准

相同的精神追求，才能让你和朋友找到共同语言。只有拥有同样的人生信仰，你们才能彼此发现，彼此懂得，彼此珍惜。只有在更高一层的精神领域里，你才能遇到可以引领你生活的人。

有两个毕业一年的同寝室女孩在聊天。她们中一个光艳照人，谈吐不凡，另一个却愁眉苦脸，未老先衰。第一个女孩感慨道：“我认识的人都好强啊，他们才刚刚毕业几年，就买房的买房，买车的买车。我从他们身上学到了好多东西。我感觉现在生活很充实，需要我去实现的梦想也很多。”第二个女孩却苦笑说：“我认识的人都不如我，好多都是以前的同学，大家过得都差不多。我现在感觉生活就这样了，也没有什么追求。”

是什么导致两个曾经同寝室的姐妹人生观如此不同呢？答案就是她们的朋友圈子不同，她们的朋友质量不同。其中一个女孩的朋友都年纪轻轻便事业有成，她在自己朋友的身上学到很多东西，也拥有了很多积极的心态，就会使她向着成功的方向不断地努力。而另外一个女孩，处在和自己同一水平，甚至还不如自己的朋友圈里，时间一长，她认为大家的生活状态都是这样的，所以也就不思进取了。

提高自己的交友标准，可以让你找到自身的不足，学习朋友身上的优点，可以进入自己没有涉足过的圈子，丰富自己的知识面。现在是21世纪，不再是女子“大门不出，二门不迈”的时代。聪明的女孩，不仅要走出去认识他人，与他人交往，还要与成功人士交往，不要只与一种人交往，要认识各种各样、各行各业的人。一个人只活在自己的世界里，不会有大的建树，只有与强者做朋友，时间长了，才会有一个成功者的思维，才能学会用一个成功者的思维去思考。

有人说过，要想看一个人是什么样的人，先来看他的朋友。如果想成为一个聪明的女孩，就要多交一些成功的朋友。

将成功人士变成自己的“圈里人”

聪明女孩，应该学会结交一些成功人士。当你将他们变成自己“圈里人”的时候，在他们的影响和帮助下，你本身也会散发出一种向上的动力，就像向日葵，只有吸收了足够的养分，才能够长高。那些成功人士就好像是你生活中的阳光和水分一样，带给你养分，也会帮助你成功。

哈里森来到丹佛市，住在第二大道的一套小公寓里，他想在这里开始创业生涯。

初来乍到，人们并不认识哈里森，因此他必须计划好为自己的房地产事业铺平道路的每一个步骤。他要做的第一件事就是尽快加入该市的“快乐俱乐部”，结识那些出入该俱乐部的社会名流和百万富翁。对哈里森这样一个无名小辈来说，要想进入这样高档的俱乐部，实在不是件容易的事，但他还是决定去大胆尝试一番。

哈里森第一次打电话给“快乐俱乐部”，刚说完自己的姓名，随着一声斥责，电话就被对方挂了。哈里森仍不死心，又打了两次，结果仍遭到对方的嘲弄和拒绝。

“这样坚持下去，将毫无结果。”哈里森望着电话机喃喃自语。突然，他心生一计，又拿起了电话。这次他声称将有东西给俱乐部董事长。对方以为他来头不小，连忙将董事长的电话号码和姓名告诉了他。

哈里森立即打电话给“快乐俱乐部”的董事长，告诉他自己想加入俱乐部。董事长没说同意也没说不同意，而是让哈里森来陪他喝酒聊天。

通过喝酒聊天，哈里森逐渐与这位董事长建立了良好的关系。几个月后，在董事长的特殊关照下，他如愿以偿，成为“快乐俱乐部”的一员。

在俱乐部里，哈里森结识了许多富商巨贾，建立了良好的关系网。

1972 年，丹佛市的房地产业陷入萧条时，大量的坏消息使这

座城市的房地产开发商们严重受挫，丹佛人都在为这个城市的命运担忧。然而在哈里森看来，丹佛市的困境对他来说无疑是天赐良机，从前那些对他来说是可望而不可即的好地皮，现在可以以较低的价格任意挑选收购了。

就在这时，哈里森从朋友处得到一个消息：丹佛市中央铁路公司委托维克多·米尔莉出售西岸河滨 50 号、40 号废弃的铁路站场。

哈里森凭着自己敏锐的眼光和丰富的经验判断出：房地产萧条是暂时性的，赚大钱的好机会终于降临了。为此，他把自己所拥有的几个小公司合并起来，改称为“哈里森集团”，以使自己更具实力。

第二天一早，哈里森便打电话给米尔莉，表示愿意买下这些铁路站场。

他们很快便达成协议："哈里森集团"以200万美元的价格购买了西岸河滨的那两块地皮。不久，房地产升温，哈里森手中的两块地皮涨到了700万美元。他见价格可观，便将地皮脱手了。

经过许多人的帮助以及自己的努力，哈里森终于挖到了人生的第一桶金——500万美元。此后，他开始了辉煌的经商生涯。

聪明女孩，要想让自己成为成功人士，就要和成功人士站在一起。因为人与人之间是存在"同化"效应的，跟那些具有影响力的人在一起，你本身的影响力也会逐渐增加。而且，跟这类人在一起，你的机会就会比原来多很多，成功的机会也将越来越大。

做一朵"交际花"，没什么不可以

风度，又称气质、风韵等，它是女性在社会交往中最有吸引力的因素之一，是女性内在文化修养和道德风貌的体现。有的人认为聪明女孩的风度美就是指青春、漂亮、好身材等。其实，这是对女性风度美的误解。女性的风度美不是靠先天的遗传，也不是靠东施效颦式的模仿，而是靠后天长期的培养形成的，它通过言行举止、表情神态、仪表服饰等自然而然流露出来。它较之外表美更含蓄，更能够显现一个人的精神。聪明女孩要培养良好的社交形象，就必须努力追求风度美。

怎样才能使自己在社交中展示良好的风度呢？

1. 要有饱满的精神状态

愁眉苦脸、心事重重的样子在社交场合是不受欢迎的；萎靡不振、无精打采，会令别人感到兴味索然，不愿与你交往。精力充沛、神采奕奕，就能使对方感到你富有活力，交往气氛也就自然活跃了。

2. 要有出色的仪表礼节

对女人来说，动人的风度和仪表比美貌更重要。

容貌姣好的人，并不等于她的仪表也美；同样的，举止优雅的人，也并不一定容貌漂亮。有些女孩虽然面貌平凡，由于她有优美的风度，反而更吸引人。衣冠不整，或者不修边幅的女孩，常会令人生厌。仪表出众、礼节周到能为女孩增添无穷的魅力。

3. 要有诚恳的待人态度

端庄而不矜持冷漠，谦逊而不矫揉造作，就会使人感到你诚恳而坦率，交往兴趣也随之渐浓。说话支支吾吾、躲躲闪闪，别人就会感觉你缺乏诚意，从此疏远你。

4. 避免没有教养的行为

要想在各种社交场合中给人留下美好印象，就一定要注意风度与仪态。

（1）不要耳语。在众目睽睽下与同伴耳语是不礼貌的。耳语被视为不信任在场人士所采取的防范措施，要是你在社交场合总是耳语，不但会招惹别人的注视，而且会令人对你的教养表示怀疑。

（2）不要说长道短。这种女人肯定不是有风度、有教养的女人。在社交场合说长道短、揭人隐私，必定会惹人反感。再者，这种场合的“听众”虽是陌生人居多，但所谓“坏事传千里”，只怕不礼貌、不道德的形象从此传扬开去，别人自然“敬而远之”。

（3）不要闭口不言。在宴会上面对初相识的陌生人，也可以由交谈几句无关紧要的话开始，待引起对方及自己谈话的兴趣时，便可谈笑风生。若总是闭口不语，一脸严肃的表情，便跟欢愉的宴会气氛格格不入了。

（4）不要失声大笑。不管你听到什么“惊天动地”的趣事，在社交场合中，都要保持仪态，顶多给出一个灿烂笑容即可，不然就要贻笑大方了。

第八章
DIBAZHANG

比起男人的肩膀，更靠谱的是自己拥有一双翅膀

事业是女人人生中最华丽的背景

以前人们常用“小鸟依人”来描摹一个女性含羞带怯、温柔可人的形象，这样的女人依附在男人身旁，将男人视作自己最大的靠山。但这样缺乏独立性的姿态并没有将女性的深层魅力体现出来，而这种依赖于人的生活态度也会让女性自己感觉到不安定，可能会一生悲苦。

日本著名电影《被嫌弃的松子的一生》中的女主角松子，就是这样一个把自己的希望寄托在别人身上的人。松子是学校教师，天性善良的她为自己的学生顶替偷窃的罪名而被学校开除。因为总觉得父亲偏爱妹妹，她离家出走了。之后松子与一个有暴力倾向的作家同居，受尽折磨却始终不愿意离开他。作家自杀后，松子与有妇之夫冈野发生不伦之恋，她又把希望寄托在情人身上，结果被对方妻子发现后，情人立即和她翻脸了。

此后松子又经历好几次恋爱，每一次她都对男人付出自己的真心，希望和对方白头偕老，结果却屡遭抛弃，甚至还给自己带来了牢狱之灾。到了50岁，松子依然是孑然一身，过着单身的隐居的封闭生活。她在牢中认识的朋友希望给她一份工作，但她慌乱地拒绝了，因为她对自己毫无信心。而当她意识到自己还没有忘记曾经的理发手艺时，她的人生似乎出现了转机。可是命运却不给她机会，她在寻找朋友的过程中遭到一群地痞的殴打，死在了枯竭的河川旁。

松子是一个渴望得到爱的女人，她追寻爱的勇气和决心让人感动，但是她总是把自己的人生完全寄托在寻找到一个可以依靠的男人身上，这样就太可悲了。她曾经也当过理发师，手艺不错，完全可以凭借理发拥有属于自己的平静、幸福的生活，可惜却为了男朋友执拗地放弃了。我们痛惜松子的一生，并且希望这样的经历不要在其他的女性身上重演。

在“她世纪”里，女性就要独立。精神上的独立是一方面，

物质上的独立也不能忽视。女人从现在开始，你就应该树立这样的思想：不把男人当作经济支柱，而把事业作为自己最华丽的背景。这样的女性才最能展现出“她世纪”女性的风采。

海伦·凯普兰是另一个工作中的美丽女人。她小巧玲珑，利落明快，像是可以应付任何事的女人——事实也是如此。她出生于维也纳，在塞拉库斯大学读艺术专业。和很多女孩一样，她接受了母亲的老观念：“女人一定要嫁个金龟婿。”她21岁结婚，后来离婚。她说：“我母亲——她代表有同样想法的亿万人——认为我嫁给一位成功的男人，情况将会好得多，我自己事业成功则不然。在母亲的眼中，如果我嫁给一个金龟婿，才算幸福，这才是成功。我从小接受的教育是嫁一个成功的男人——而非自己追求成功。我是位分析家，但直到最近我才明白自己轻率地接受了很多母亲的价值观。”

后来，她开始拥有自己的事业，成为一名心理学家。她说：“年轻时，我想做一位心理医生，但我觉得自己不够聪明，没资格进医学院。大学时我与心理学家约会，并嫁给了其中一位。之后我才发现：我要做一位心理医生，而不是嫁给心理学家。”她的工作涉及很多女性羞于提及的“性”，她甚至成为性爱治疗上的先驱工作者，她的著作《新的性爱疗法》让大众重新了解了“性”，专家也对她推崇备至。她说：“我在专业上有所成就，工作愉快，追求做一名演说家，有好朋友、乖孩子和一幢舒适的公寓，和世界上任何人都相处融洽。”

大多数成功的女性热爱她们的家庭，但是她们也醉心于工作。她们认为工作开拓了她们的视野，给予了她们成就感，挖掘出了她们的潜力，赋予了她们身份，使她们得以完善自身。一位作家用略带夸张的语调说道：“如果她们停止工作，她们明白，大多数人就什么也不是了，就像空气中的洞一样，如此而已。”这些充满信念的女人甚至把她们的职业看成是她们的救星。

工作不仅让女人自己拥有了经济独立，而且可以从根本上脱离男人的控制。工作也能赋予女人非同寻常的魅力。工作，让女人走出了狭小的家庭生活空间，让女人的视界开阔，心也随之澄明起来；工作，让女人发现了更能凸显自己个性价值的方式；工作，也最能让女人找到自己的尊严。面对一个自尊、自爱、自立、自强的女人，相信每一个人都会由衷赞叹她的美丽。

“我必须是你近旁的一株木棉，作为树的形象和你站在一起”，女人应该知道，当一个女人以一棵树而不是一株藤的形象站立在男人身边的时候，就连男人也不由得为她折服。

独立，魅力女人的必备要素

独立是魅力女人的必备要素，人格独立才算得上是魅力女人。魅力女人在事业上有主见，不受他人摆布；在生活上有自己的圈子，不会因脱离男人而感到孤独。独立是一种很高的境界，它需要高素质的心态和全新的价值观。

女人的独立既包括经济上的独立，也包括精神上的独立。这种独立不是世俗意义上那种“女强人”的不可一世的特立独行，而是拥有自己的生活空间、内心感受和表达方式。

有工作的女人在物质上有独立感，这种感觉能使她们的精神独立有相对坚实的地基。但不少女人在经济上很依赖男人，不少男人也为此自傲，把女人视为自己的私有财产，甚至轻视女人。很多女人会认为，尽管没有社会工作，但持家也是一种职业。如果男人在外面打拼能有工资，那女人持家也应有报酬。

以往男人总把给家庭的生活费视为对女人的报酬，这是不对的。生活费只是一种家庭必需的成本，它没有在经济上体现持家女人的价值。关心和尊重女人不是一句空话，男人应主动量化女人持家的价值，并愉快地付给这笔象征着对女人价值尊重的工资。千万不要小看这个程序，这是女人走向物质独立的关键。女人有这种独立感才会有尊严感，男人在有尊严的女人面前才会被重视。女人如果缺少这种独立感，那么男人对这种女人就不会有长久的好感，迟早都会背叛。所以，女人首先一定要在物质上、经济上保持独立，那样才会有持久的魅力。

相对于物质独立来说，女人的精神独立更为重要，因为男人活在物质中，而女人却活在精神里。女人精神的独立是对自己的肯定。当女人的精神世界被别人支配时，这样的女人就会十分悲哀。女人可以在自己的精神世界里建起一个美好的王国，当她自豪地感觉到自己就是这个王国的女皇时，就会在现实生活中找到自信。女人的精神独立还体现在她的思想是受自己支配的，而不会为别人盲目改变自己。

有个年轻的姑娘爱上了一个让她感觉极好的男人，由于感觉太好，她想与其他女朋友分享她的感觉，于是她去征求她们的意见。朋友都认为，这么好的男人一定会有很多女人追，将来很难说他能挡得住诱惑。分析得出的结论是：这种男人没有安全感，不值得交往。于是她和这个男人分手了，但又因为分手而长期痛苦。后来听说她认识的一个女人和他结婚了，她只能独自懊悔。

女人精神的动摇是一种不独立的表现。还有很多女人都像得了“预支恐惧症”一样，一接触男人就想将来可不可靠。越想越不对，明明有很好的感觉，一下就开始产生恐惧了。其实生命的意义就在此时此刻的分分秒秒，如果你对一个人的感觉好，就应该跟他去共同营造更好的感觉。

有些女人总认为恋爱就必定会结婚，假如中途分手就觉得丢人，多几次分手更是坐立不安，怕别人议论，这是一种很不成熟的想法。你分不分手是你个人的事，完全不必关心别人的反应。所以，女人一定要学会在精神上独立。精神独立的女人才能真正地坚强和自信起来，即使面对变幻无常的社会，也不会丢掉自己的微笑。

说到底，女人独立自主的意识，最终决定了女人的独立。

独立的女人虽然没有小鸟依人的可爱，楚楚动人、惹人怜爱的双眸，但是她风风火火的行事作风、敢做敢为的勇气，同样也有让人眼前一亮的风采。

记住，你不是廉价的保姆

在大多数人看来，女人做家务是天经地义的事情，不做家务的女人称不上是好女人，甚至有很多女性自己也是这样认为的。做饭、洗衣服、收拾家务……就像韩国电视剧《人鱼小姐》中的女主角雅丽英一样，每天都有繁重的家务，不仅要伺候好自己的老公，还要担起家务重担。

王太太和丈夫结婚 7 年，夫妻间的感情也算得上和睦，虽无太多的激情，却也无较大的矛盾。

然而，不久前，王太太和王先生却办理了离婚手续。王太太很无辜地认为自己没有什么错，王先生也承认王太太对这个家庭付出很多，但却表示没有办法继续和她一起生活下去。王先生的职业是律师，平时工作很忙，基本上照顾不了家里，于是他提出请保姆。而王太太觉得，一方面请保姆浪费钱，还要担心她是否能将家里收拾好，另一方面自己的工作比较清闲，没有必要请保姆。

于是，王太太自己就承担起了做家务的重担，每天特别忙碌。王先生每天回到家，都看到太太特别忙，既要给家人做饭，又要照顾小孩，还要洗衣、打扫。基本上只有在睡觉前，王太太才能停止她的忙碌。

有时，王先生喊王太太过来休息一下，甚至亲近地从身后搂住王太太的腰，耳语“老婆，你辛苦了”，王太太却抛出一句“放开，正忙呢”。这样，夫妻之间的沟通就越来越少了。

本来王先生想与妻子聊聊一天的工作状况，有时又想两个人一起看看电视，甚至很想早一点和老婆进行床笫之事，可太太给他的理由永远都是“家务还没有忙完”。上床以后，王太太又会喋喋不休地与王先生讲起家务有多么繁忙、儿子在幼儿园有多么调皮的琐事。没过多久，王先生兴趣全无，只好简单地安慰太太“早点睡吧，你累了”。

就这样，家务让王太太有了太多的抱怨，与王先生之间产生了很大的隔阂，夫妻之间没有处理好家务与生活乐趣的关系，最

终以离婚收场。

女人对家庭拥有一颗责任心是没错的，把家务劳动看作是热爱家庭、热爱丈夫的表现，这也没什么错。但要懂得适可而止，否则就会出现王太太那样的悲剧。

封建社会中的女人没有经济来源和独立地位，受到家庭和社会的欺压，这是迫于无奈的结果。但现在我们和男人一样，有自己的工作和事业，所以就不应该再在头脑里保留那些“封建遗毒”，把自己当廉价的保姆！

把自己当回事，别人才能把你当回事。女人应该学会爱自己，懂得让老公跟自己一起来承担家务。

安全感只能自己挣，别人给不了

斯通指出："生命是一个奥秘，它的价值在于探索。因而，生命的唯一养料就是冒险。"那些眷恋安稳的人们在开始做一件事情之前，总是会做过多的准备工作。她们认为每一项计划和行动都需要完美的准备。她们只在自己熟悉的领域搭建一个舒适的温室，例如说爱待在家里，将"在家靠父母，出门靠朋友"这句话彻底执行，或不敢向陌生的领域踏出一步。对生活中不时出现的那些困难，更是不敢主动发起"进攻"，只是一躲再躲。她们认为：保持自己熟悉的一切就好。对于那些新鲜事物，还是躲远点好，否则，就有可能被撞得头破血流。安稳，是一个陷阱，让她们丧失了斗志和激情，她们不敢打破固有的生活方式，不敢寻求新的变化，结果在懒散之中松弛了自己的斗志和精神，犹如一个八十老妪一般。

西方有句名言："思想决定命运。"做任何事都要求安全感，不敢挑战冒险，是对自己潜能的否定，而最终也只能使自己的潜能不断地减少。对此，卡耐基给我们的忠告是："你必须信赖你自己的精神力量、能力、经验。如此一来，你的人生才能得到完全的改变。"女人如果你能够突破"安稳"这一关，你的人生就可能会有很大的改观。

你还一事无成，或许是因为缺少“野心”

野心，在英语中表达为“Ambition”，与雄心同义。在外国人眼中，野心与雄心无异，都是表达人的一种进取的欲望。在汉语中，雄心是褒义词，形容以天下为己任的进取精神；而野心则是贬义词，用于谴责为了个人利益而不择手段的人。其实，这个社会上，大奸或大善之人都只是人群中的极少数，绝大多数人既与“大奸”沾不上边，也与“大善”无缘，大家都是尘世间平平常常的小人物，雄心、野心说到底都一样，统称“Ambition”。

女人不介意别人称自己“雄心勃勃”，却害怕被人指为“野心勃勃”。生活中，许多极富潜力的女人就是因为害怕被人说成是“野心家”而畏缩不前。但是，为什么世界上做同样事情的人有很多，但有人失败，有人成功，那些失败的人唯一缺少的，可能就是“野心”。因为，有了野心你才会不断地开拓和寻找，即使身处逆境，也仍不丧失奋斗的热情，这样的人才能不断开创人生，获取成功！既然生命不息，那就应该不断进取，超越自我。

巴拉昂是一位年轻的媒体大亨，以推销装饰肖像画起家，在不到10年的时间里，迅速跻身法国50大富翁之列，他1998年因前列腺癌在法国博比尼医院去世。临终前，巴拉昂留下遗嘱，把他4.6亿法郎的股份捐献给博比尼医院，用于前列腺癌的研究，另有100万法郎作为奖金，奖给那些揭开贫穷之谜的人。

巴拉昂去世后，法国《科西嘉人报》刊登了他的遗嘱。遗嘱说："我曾是一个穷人，去世时却是以一个富人的身份走的。我不想把我成为富人的秘诀带走，现在秘诀就锁在法兰西中央银行我的一个私人保险箱内，保险箱的3把钥匙在我的律师和两位代理人手中。谁能通过回答'穷人最缺少的是什么'而猜中我的秘诀，他将得到我的祝贺。当然，那时我已无法从墓穴中伸出双手为他的睿智鼓掌，但是他可以从那只保险箱里荣幸地拿走100万法郎，那就是我给予他的掌声。"

遗嘱刊出后，《科西嘉人报》收到大量信件，有的人骂巴拉昂疯了，有的人说《科西嘉人报》是为了增加发行量在炒作，但多数人还是寄来了自己的答案。

大部分人认为，穷人最缺少的是金钱。穷人还能缺少什么？当然是钱。有了钱，就不再是穷人了。有一部分人认为，穷人最缺少的是机会。一些人之所以穷，就是因为没遇到好时机，股票疯涨前没有买进，股票疯涨后没有抛出，总之，穷人都穷在背时上。另一部分人认为，穷人最缺少的是技能。现在能迅速致富的都是有一技之长的人，一些人之所以成为穷人，就是因为学无所长。还有的人认为，穷人最缺少的是帮助和关爱。每个党派在上台前，都曾给失业者大量的许诺，然而上台后真正关爱他们的却少之又少。总之，答案五花八门。

在巴拉昂逝世周年纪念日那天，他的律师和代理人按巴拉昂生前的交代，在公证部门的监督下打开了那只保险箱。在48561封来信中，有一位叫蒂勒的小姑娘猜对了答案。蒂勒和巴拉昂都认为穷人最缺少的是野心。

在颁奖之日，《科西嘉人报》带着所有人的好奇，问年仅9岁的蒂勒，为什么想到是野心，而不是其他。蒂勒说："每次，我姐姐把她11岁的男朋友带回家时，总是警告我：不要有野

心！不要有野心！所以我想，也许野心可以让人得到自己想得到的东西。”

“野心”是雄鹰翱翔的翅膀，是松柏挺立的根基，是一个人顶天立地的精神支柱。有了一颗进取向上的“野心”，就有了人生起飞的基点和动力。

事实上，任何事情要想做得出色都是需要很强大的内心欲望，没有“野心”的女人内心动力不足，往往只会沦为人群中的平庸角色。总之，“野心”是人心中的一种进取的状态，无所谓褒贬，只要不是违法犯罪、祸害他人的事情。所以，女人有一点“野心”又何妨？

女人大大方方地做个“野心勃勃”的女人吧——释放自己内心的欲望，大胆去追求，相信你会是人群中光彩夺目的女人！

大胆钻出自己的“小盒子”

对于女性来说，在这样的开放时代，要想获得事业的成功，掌握自己的命运，或者与时代俱进、与世界同步、与他人和谐，就必须努力打造一个开放式的人生，从自己的“小盒子”中走出来。

“在我人生的字典中，‘开放’是一个最有魅力的字眼，因为有了这两个字，四分之一的地球公民有了尊严。我是中国14

亿人口中的一员，对这个字眼我心中充满了感激。”

“开放是时代的趋势，体现着互联网的精神，任何一个个体在时代趋势面前都会显得微不足道，常常是时代的浪涛冲刷着那些不开放的障碍，最后开放变得不可阻挡。所以，主动的开放就是弄潮儿，而被动的开放抵抗则是残缺的石岸。”

中央电视台《赢在中国》总制片人和主持人王利芬这样表达了她对“开放”的理解。

中央电视电财经频道每周二晚上播出的《赢在中国》是我国目前最受关注的财经节目之一。这个节目吸引了无数个怀揣创业梦想的选手前来参加，著名的企业家马云、牛根生、熊晓鸽等担任嘉宾。而这个节目制作的成功，和总制片人、主持人王利芬在海外学习的见识和思考是分不开的。

几年前，王利芬在美国布鲁金斯协会的中国中心进行电视研究。偶然一次机会，她看了NBC（美国全国广播公司)黄金档节目《学徒》，大受启发，开始思考是不是可以借鉴美国模式办一档中国商业人才选

拔的电视节目。

因为眼界开阔，王利芬想到了借鉴国外成功电视节目的好点子，但《赢在中国》最终能成功，还得益于她思路的开放：完全照搬必死无疑，因为美国《学徒》中的价值观和中国人的价值观并不吻合。经过深思熟虑，王利芬终于找到了一个中国化的主题——“励志、创业”，因此才有“励志照亮人生，创业改变命运”的《赢在中国》的诞生。

从她的话中可以知道，我们要想跟上时代潮流，就必须开放自己。大学教授要想接触到更现代化、更系统的知识，就必须走出国门与国外学者交流；商家想拓展业务，就不能盲目地垄断市场；学生要想学到更多的知识，就必须克服胆怯主动与老师、同学交流，或是参加社会实践；农民要想获得更多的收成，不能只是埋头耕耘那一亩三分地，而需要多读书、多看报、多看电视，获取最新的农经信息；而女性要想有独立的生活，就必须从自己的小圈子里走出来。

开放的人生来源于开放的思想，开放的思想来源于开放的眼界，开放的眼界来源于开放的行动，开放的行动来源于开放的知识。我们生活在一个不断开放的国度里，所以，任何时候都不能把自己封闭在自己的“小盒子”里，而要以开放的胸襟、开放的思维、开放的勇气、开放的行动，开始不断进步的人生。

演好自己的双重角色

女人走入社会之后，会有双重角色：职业角色与家庭角色。这两种角色有时相互限制，只顾一方必然就忽略了另一方，这样就可能产生角色冲突。如果不及时加以调整，就会引发矛盾。

有所成就的职业女性容易重视事业而忽视家庭，忘记了自己是女人。但如果能调整好自己的角色，在扮演好职业角色的同时也扮演好家庭角色，这个问题就解决了。

若女性以为有了事业就有了一切，那就大错特错了，最终她会发现，这不过是自己的一厢情愿而已。一个职业女性不管她介入社会的程度如何，哪怕她当上了厂长、经理，当上了县长、市长乃至部长、省长，在家庭里她仍不能放弃她的传统责任，出嫁前为人女，

出嫁后为人妻，生育后为人母。英国的撒切尔夫人，连续3届出任英国首相，经过12年的精心治理，国家各方面都有所改观，人称“铁娘子”。她可谓超级“女强人”，但她并没有因为事业而忘了自己是个女人，时常会忙里偷闲，在家里为家人做上一顿丰盛的饭菜，尽显好女人的风采。

倘若女性想把事业作为自己追求的唯一目标，舍弃家庭而不顾，这样做，也许她的事业成功了，但她却失去了爱情与婚姻的快乐。苏联电影《莫斯科不相信眼泪》中的女主角，作为局长，她完全够格，每天严肃认真，板着一副“冷冰冰的面孔”，穿着“死气沉沉”的衣服，她走到哪里，哪里便鸦雀无声，她像灭火器一样，把人性的多彩都浇灭了，结果落得孤家寡人，若不是后来的改变，她可真要成为嫁不出去的老姑娘了。

再成功的职业女性，也是要认清自己的“双料”身份的，白领丽人也好，女经理、女企业家也好，都只是社会角色，是止于家庭外的。如果将这种身份带回家，就会伤及另一方。

生命是短暂的，只有对事业和家庭同样重视的女人，才有可能走向事业和家庭兼顾的成功之境。

忙碌着的李林，在自己的工作日程表上永远都有一个特殊的日子，那就是家庭日。即使工作再忙，每个星期天也都是她雷打不动的“家庭日”。如今的她拥有一连串的头衔，但绝非是人们一贯想象的女强人形象。她既是业绩显赫的总经理，又是优秀的家庭主妇。她说事业有成需要家庭来支持。她这么说也这么做了，多年来她都是很快乐地游刃于高效工作与幸福生活之间。

女人，没有理由说为了家庭而放弃自己的事业，也没有理由说需要为了事业而放弃家庭，两者能统一是最好的选择。家是一个充满柔情的温馨花园，女人便是其中最辛勤的园丁。孝敬老人、关爱丈夫、教育子女是每个家庭主妇应尽的责任。事业是女人保持真本色的最好途径。家庭固然十分重要，但它绝对不是我们生活的全部。因为这是一个竞争的社会，没有竞争力就没有生存的空间，完全依附于男人的女人不仅经济不能独立，而且会迷失自我，最终只能碌碌无为、平平庸庸地过一辈子。

女人要学会演好自己的双重角色，要相信成功就在点滴中。不需要豪言壮语，也不需要惊天壮举，只要我们用真情和汗水，努力地经营好家庭，努力地工作，就一定能够成为一个家庭和事业双赢的幸福女人。

你不需要活在别人的认可里

玛丽亚每天都在房前的空地上练习唱歌。一位邻居听了，冷笑着说：“你即使练破了嗓子，也不会有人为你喝彩，因为你的声音实在是太难听了。”

玛丽亚回答道：“我知道，你所说的这番话，其他人也对我说过很多次了，但我不在乎，我是为自己而活，不需要活在别人的认可里。我只知道在唱歌时我很快乐，所以无论你们怎么说我的声音难听，都不会动摇我继续唱下去的决心。”

如果你追求的快乐是处处参照他人的模式，那么你的一生只能悲哀地活在他人的阴影里。事实上，人活在这个世上，并不是一定要压倒他人，也不是为了他人而活，一个人所追求的应当是自我价值的实现以及对自我的珍惜。一个人是否实现自我并不在于他比别人优秀多少，而在于他在精神上能否得到幸福的满足。

然而，在现实生活中，很多女人却常常为同学一句无意的嘲笑，或在工作中同事一次无心的抱怨而闷闷不乐，甚至开始彻底地怀疑自己、否定自己。其实，这样的心态是不对的。虽然我们有必要听取别人对自己的评价，但也不能过分在乎，否则，烦恼的是你，痛苦的也必定是你。

的确，一个人一生为别人的评论而活会很累，也很愚蠢。艾莉诺·罗斯福说：“未经你的同意，没有人能使你感觉卑微。”古希腊谚语也说：“除了自己，没有人能够侮辱我们。”

我们每个人都不可能孤立地生活在这个世界上，很多的知识和信息来自别人的教育和环境的影响，但怎样接受、理解和加工、组合，是属于你个人的事情，这一切都要你自己去选择。歌德说：“每个人都应该坚持走为自己开辟的道路，不被流言所吓倒，不受他人的观点牵制。”女人应该知道，让人人都对自己满意，这是不切实际、应当放弃的期望。

我们周围的世界是错综复杂的，我们所面对的人和事总是多方面、多角度、多层次的。我们每个人都生活在自己所感知的现实中，别人对你的看法大多有一定的主观性，不可能完全反映你的本来面目和完整形象。别人对你的态度或许是多棱镜，甚至有可能是让你扭曲变形的哈哈镜，你怎么能做到让人人都满意呢？

女人如果你期望人人都对你感到满意，你必然会要求自己面面俱到。不论你怎么认真努力去尽量适应他人，可真正能做到完美无缺，让人人都满意吗？显然不可能！这种不切合实际的期望，只会让你背上沉重的包袱，让你因此顾虑重重，活得很累。只有懂得享受自己的生活，不受别人的消极影响，不管别人如何评论你，只要你自己觉得高兴、满足，你就应该坚持自己的选择，你的生活就是幸福的。

要做就做第一，因为没人记得住第二

她被《人物》杂志称为“中国最有名的女人”；她被《纽约时报》称为“中国化妆品王国的皇后”；她被美国《国会记录》称赞为“真正的平民大使”；《福布斯》杂志则形容她为“中国的新形象典范”。

她就是靳羽西。多年以来，她似乎没有任何衰老的迹象，依然涂着鲜艳的口红，高贵、活泼、精力充沛、活力十足。

她生于中国桂林，1973年定居美国纽约，创建靳羽西电视制作公司。1984年，她在美国成功地解说了中华人民共和国建国35周年的庆典实况，在美国一举成名。1986年，靳羽西制作了104集的《世界各地》电视系列片，在中央电视台播放，她瞬间成为中国家喻户晓的人物。1992年，她创办靳羽西化妆品公司。1996年，她与世界著名跨国化妆品企业科蒂公司联手，成立靳羽西科蒂化妆品（上海）有限公司。1999年，她被授予“世界杰出女企业家”的荣誉称号，获得该项殊荣的共有来自全球35个国家的50位女性。2000年，她成立靳羽西文教玩具有限公司，推出第一个“羽西娃娃”。2002年，中国政府为了表彰她在东西方文化交流中的杰出贡献，特别为她发行了一枚80分的邮票，她是第一个获此殊荣的美籍华人。2004年，羽西品牌被化妆品公司欧莱雅收购，她成为新公司的副总裁。

靳羽西一直牢记着父亲所说的一句话：“你只能当第一位，因为没有人会记得第二位。”这句话让她努力了一辈子，奋斗拼搏了一辈子。

1985年，当靳羽西用自己多年的全部积蓄，拍摄《看东方》电视系列片时，创造了很多个第一：第一个拍了中国的冰雕介绍给外国人；第一个到中国的最北端拍摄中俄边境的风景；第一个获准进入中南海拍摄毛泽东旧居；第一个为中央电视台拉广告；第一个把中国的现状介绍给美国；第一个创造适合亚洲女性肤色的化妆品……能够创造这么多的第一，这是何等的魄力和能力？她的魄力来自哪里？

靳羽西涉足了很多领域，并在很多个领域成为第一个吃螃蟹的人，其中当然有很多辛酸、很多困难。对她而言，在决定做一件事之前要问自己 4 个问题：我有没有独特的才华做这件事？我有没有热情去做这件事？这件事对别人有没有好处？这件事对中国的改革开放有没有好处？如果这 4 个问题的答案都是“是的”，那么她认为自己的方向是正确的，就会全身心投入进去，无论遇到什么困难都不会退缩。

她的“只争第一，不做第二”的勇气难能可贵。女人想要干一番事业，就要有她的这种气魄。为什么许多女人永远不会获得成功？就是因为她们总是不敢进行新的尝试。他人没有做过的事就是一种挑战，不要以为别人没有做过的事就不值得去

尝试，别人没有做过的事肯定就会存在风险。有些时候，不是你没有能力去做，而是你不相信自己可以做到。这个世界上，一切皆有可能。